永六輔の伝言

僕が愛した「芸と反骨」

矢崎泰久 編
Yazaki Yasuhisa

a pilot of wisdom

本書は、ＵＣカード会員誌「てんとう虫」（クレディセゾン発行）内の連載『永六輔のお話供養』（二〇一一年九月号～二〇一四年七月／八月号）をもとに、新たな取材を加え、大幅に加筆・修正したものです。

目次

構成／渡辺津久美

まえがき

永六輔が生まれたのは昭和八年（一九三三）四月一〇日です。東京の下町、浅草で一七代続く寺の次男坊でした。私も同じ昭和八年生まれだから分かるのですが、いわゆる昭和ヒトケタは意味のある世代でした。

同じ年の年末に、日本中が待ちに待った皇太子（現・天皇）がお生まれになった。

日の出だ日の出に　鳴った鳴った　ポーオポー
サイレンサイレン　ランランチンゴン　夜明けの鐘まで
日本中が大喜び　みんなみんな子どもが
うれしいな　ありがと　皇太子さま　お生まれなった

やっと口がきけるようになって、私たちが最初に覚えた歌でもありました。皇太子の誕生で、同じ年に生まれた私たちは、なんとなく霞《かす》んだ存在になった。それほどの慶事でもありました。

第一次世界大戦に参戦してから、日本国内は戦争のない時代を過ごしていました。しかし、国民精神総動員など、軍国主義が蔓延《まんえん》するご時世でもあったのです。

幼い頃から病弱だった永さんは、戦争ごっこもやらない子どもとして、サナトリウムに入っていることが多かった。大人たちから話を聞き、読書を好み、ラジオ放送に親しんでいた。ちょっとイビツな子どもだったようです。

小学生になった年（昭和一五年〈一九四〇〉）に紀元二千六百年の祝典がありました。日本中が沸きに沸いて、私たちも提灯行列に参加し、この式典に出席しました。その翌年、日本は大東亜戦争に突入し、第二次世界大戦に参戦することになったのです。

やがて本土空襲が激化して、永さんは学童疎開に行きました。東京での病院生活から、一八〇度違った毎日を送ることになったわけです。病気だなんて言ってられない。やがて少国民として勤労奉仕が課せられました。

敗戦を迎えてまもなく中学生になり、また病院生活に戻ります。それでも疎開中に肉体は鍛えられていたみたいです。東京に帰ってからは、学校へ通ったり、焼け跡のあちこちに出現した闇市《やみいち》を歩き回っていました。復活した寄席にも熱心に通い、ラジオや雑誌に投稿するようになった。ちょっと他の子どもたちとは違っていたのかもしれません。

ＮＨＫのラジオ番組『日曜娯楽版』の投稿が採用され、スタジオに招かれて行ったところ、まだ高校生だったのでびっくりされました。それがきっかけで、放送の世界に自然に飛び込んで行ったんです。

好奇心旺盛《おうせい》だったので、どんなことにも積極的に加わって、いろいろなことを体験しました。そして、人と人の繋《つな》がりというものが、いかに大切かを知りました。その頃、彼の頭には「友だちの友だちは、みな友だちだ」という言葉が、いつも谺《こだま》していたようです。

少し前のことですが、彼は女子学生の輪に突然囲まれた。そこで、

「永六輔って知ってる？」

と、聞くと、驚いたことに、ほとんどの学生たちが知ってると答えた。

「幕末に桜田門で暗殺された人でしょ」

ああ、エイロクスケよりイイナオスケのほうが有名なんだ、と分かったんですね。それ

でなんだかとても嬉《うれ》しくなった。やっと無名人になれたんだ、と思ったのですね。

というのも、早くにいろいろやった永さんは、若くして有名人になってしまった。これが本当はとても嫌だった。実は有名人というのが、もともと大嫌いだったんです。つまり普通の無名人というものに、ずっと憧《あこが》れて生きてきた。それが五〇年近く続いた「無名人語録」シリーズの原点でもあったんだけど、ようやく八〇歳を超えて無名人になることができたわけです。

どちらかというと、永さんはいわゆる有名人の悪口ばっかり言ってきました。でも、友だちには有名人がたくさんいて、鼻持ちならない奴も多いけど、すこぶるいい奴もいる。権力や権威を有り難がったり、笠に着たりする有名人ばかりじゃない。マシな有名人だっている。その人たちは、市井《しせい》に生きる無名人とどこか共通している。そういう人たちのことも記しておきたいなと、永さんは思うようになったんです。

長くなりましたけど、この本の生い立ちは、永六輔の心の中にいつしか棲《す》みついてしまっている素敵な有名人の話でもあります。それをお伝えしたくて、私はペンを執りました。永六輔の終生のテーマである「無名人語録」を反対側からもとらえてみたい。そんな気分から、初めて「有名人語録」を残しておきたいと考えたのです。

下敷きになっているのは、雑誌「てんとう虫」に連載した「永六輔のお話供養」という原稿。これをもとに、長きにわたり永六輔と二人三脚で走ってきた伴走者の私が、本人から直接聞いたエピソードをつけ加えたり、彼ら有名人たちの自伝的文献に当たりながら、自分なりにまとめてみました。また、読み易さや臨場感に資するよう、本人の承諾をもらい、あえて永六輔の一人語りのスタイルをとりました。

昭和ヒトケタの意気地をぜひとも読み取ってください。

矢崎泰久

第一章　青春の出会い

渥美清《あつみ》

俳優の渥美清さんと僕はお互い一〇代の頃に出会い、以後ずっと親交を重ねた仲です。東日本大震災のとき、テレビを観た若い人たちは衝撃を受けたと言っていました。津波で家が流されたり、あたり一面に瓦礫《がれき》の山が堆《うずたか》く積まれたりしていた映像。何度も何度も放映されました。でも、僕らの世代は、以前にもこういう荒寥《こうりょう》とした風景を見たことがある。そう思った人たちが多いはずです。

昭和一九年(一九四四)から二〇年にかけて、東京も焼け野原でした。空襲のためです。アメリカ軍によって焼夷弾《しょういだん》を落とされる空爆が一〇〇回以上も続いたんです。死者が一〇万人を超えました。もちろん東京だけでなく、名古屋、大阪、神戸などの大都市から地方都市まで、全国各地が空襲されました。さらには広島・長崎への原爆投下、沖縄戦などによって、文字通り日本は焦土と化していたんです。

当時、僕らはまだ子どもだったので、戦場には駆り出されませんでした。それでも、食糧がなくひもじい生活は続きました。さらに、学童疎開のため親元から引き離された。見知らぬ土地へ向かう汽車の窓から幼い目に映った東京は、瓦礫の山でした。

昭和二二年（一九四七）、僕はやっと浅草の実家の寺に戻りました。敗戦から二年後です。周囲にはまだかなり焼け跡が残っていた。早速、近所の悪ガキたちと一緒に小遣い稼ぎを始めました。煤《すす》や泥で顔や手足を黒く汚しながら、鉄くずや鉛管を掘って集めていたんです。ある程度の量になると、それを買ってくれる元締めみたいな年上の男の人が二人いた。その一人が渥美ちゃん。彼は僕より五つ年上でしたが、たとえ子どもも相手でも決してピンハネをしない人でした。だから、僕らチンピラ少年の間ではすでに有名人。

渥美ちゃんは、一七歳の誕生日の三月一〇日に、後に名づけられた「東京大空襲」で自宅から焼け出された。生きるために担ぎ屋やテキ屋などもしたそうです。そんな彼が芸能界に入るきっかけをつくったのは、無名の一人のおまわりさん。車道と歩道を仕切ってあった鉄の鎖を盗んで補導された。そのとき、

「お前の顔は、一度見たら忘れられない。『フランス座』に行け」

と諭されたそうです。「フランス座」というのは戦前から浅草にあった有名なストリップ劇場。幕間にお笑いコントがあり、いわゆる浅草芸人を輩出していた演芸場でした。罪

を咎《とが》めて罰するのではなく、未来ある若者に素っ気無い言葉で助言する。貧しく荒《すさ》んだ世相の中、そんな優しさを持ったおまわりさんもいたんです。

渥美ちゃんはその言葉を心に受け止め、軽演劇の幕引きの仕事を見つけて芸能界に入った。さらに旅回りの一座に加わり、喜劇俳優としての芸を学び続けました。そして、「フランス座」の舞台にコメディアンとして立つことができたんです。

近所のおじさんがマネージャー

僕は大学を中退して、ラジオの世界に飛び込みました。その頃から、

「いつかテレビの時代が来るから、もし僕が番組を持ったら、絶対呼ぶから来てね」

と、渥美ちゃんと約束していたんです。

やがて、『夢であいましょう』というテレビ番組の作・構成を僕がやり始めて、渥美ちゃんにこの番組への出演をお願いしました。当日、スタジオに現れた渥美ちゃんを見て、スタッフ全員が目をむいて驚いちゃった。靴を履いていなくて裸足《はだし》のまま。

「靴、靴はどうしたんですか」

焦って尋ねる僕に、

「正面玄関で脱いできたよ」

渥美ちゃんは澄ました顔で言うんです。絶句する僕に、

「廊下がピカピカで綺麗《きれい》だから、靴は脱いで入るのかと……」

渥美ちゃんは照れ笑いを浮かべていました。そこでスタッフ一同、大爆笑。存在そのものが可笑《おか》しい人でした。急いで僕が玄関に見に行くと、確かに隅にきちっと揃《そろ》えた靴がありました。あの頃、渥美ちゃんはいつも一人で行動していた。

「そろそろ、マネージャーをつけたほうがいいですよ」

見かねて僕は言いました。

「分かった。そうする」

渥美ちゃんは大きくうなずいた。それで、心当たりがあるのかな、と思いました。数日後、渥美ちゃんがマネージャーを紹介してくれた。彼の家の近所に住んでいただけという無職のおじさん。笑いましたね。

僕が住んでいる家の道路を隔てた斜め向かいに、渥美ちゃんが住んでいたこともあった

んです。その頃は、朝食も夕食も僕の家で食べていた。僕が留守のときも平気で上がり込んで、昌子さん（＊編注　永さんの妻。お互いに名前で呼び合っていた）と仲良く話をして、もちろん夕食も食べて帰っていました。

僕ら夫婦が、新婚旅行のつもりでアメリカに一か月ほど行ったときも、渥美ちゃんは悪びれた様子もなくついて来ました。結婚した当初、僕は新婚旅行というのが嫌で行かなかったんです。

「じゃあ、私一人で行くわ」

昌子さんはあっさりそう言って一人で温泉に行ってしまった。そういう人だから、渥美ちゃんがアメリカ旅行へついてきても嫌がりませんでした。

「お袋、俺、元気。」

旅先から必ず僕は誰かに葉書を出す習慣があります。アメリカ旅行のときも毎日、葉書を書き続けました。ある日、喫茶店で葉書を書き始めた僕の横に座った渥美ちゃんが、

「一枚、くれない？」

と、言うんです。

「どうぞ、どうぞ」

僕は新しい葉書を渥美ちゃんに渡しました。でも内心、いったい誰に出すんだろうと興味が湧《わ》きました。僕にとって手紙や葉書を書くのはあたり前ですが、彼はそんなことしないはずです。それから毎日、僕の傍《そば》に座って絵葉書を書き、切手を渡すとそれを貼《は》って出していた。昌子さんも好奇心にかられ、堪《たま》りかねて盗み見したんです。そしたら、

「お袋、俺、元気。」

たったそれだけだったと。毎日、毎日、

「お袋、俺、元気。」

あー、渥美清だなって感じました。母親が一番欲しい情報を、簡潔に毎日伝える。

渥美ちゃんはお母さんに苦労をかけたそうです。子どもの頃から病弱でいろいろな病気にかかり、お母さんに看病をしてもらっていた。小学校も病気で休学したと。二〇代になっても肺結核のため肺を半分きり落としてしまった。それなのに正業につかず、売れないコメディアンを続けている。

そりゃあ、お母さんにしてみれば心配で堪らなかったはずです。そういう過去があるから、老いたお母さんを大切にしていました。なにをしていても、たとえロケに行っているときでさえお母さんのことを最優先にしていたんです。

フーテンの寅さん

渥美ちゃんをスターにしたのは、彼が四一歳のときから演じた映画『男はつらいよ』の寅さん役。テキヤとして鞄《かばん》一つで全国を回るから「フーテンの寅さん」と呼ばれシリーズ化されました。お人好しのオッチョコチョイ。人の迷惑を顧みず年がら年中、なにか問題を起こしている。近くにいると鬱陶《うっとう》しいのに、いなくなってしばらくするとなぜか気になる存在。そんな役を好演して渥美ちゃんは国民的なスターになった。

タレントの伊集院光さんが出演しているラジオ番組に、ゲストを呼んでその人が好きな映画を紹介するというコーナーがありました。数年前、僕も呼ばれて渥美ちゃんの『男はつらいよ　寅次郎純情詩集』を推薦した。

「どんな内容ですか」

伊集院さんに聞かれて、

「忘れた」

と、つい僕は答えたんです。だって、このシリーズは四八作もあって、いちいち内容まで覚えていない。ただ、観た中で一番好きだったのがこの作品。

後日、そのときの話を伊集院さんが、自分のラジオ番組で話していました。

「中学生の頃は寅さんが好きだったけど、だんだんもういいやっていう感じ。粗雑で無知でガサツで、周りの空気を読まない。寅さんって本来、悪い奴のはずじゃない。それがいつの間にか、いいことを言うようになり、国民的なスターになっちゃった。だから、もういいやって。だけど、永さんに勧められて観たら、結構ハマっちゃった」

こういう感じ方をした人もいたんですね。

下町の品性

同じ役を演じ続けると渥美清＝寅さんだと思い込まれがちです。でも、素顔の渥美ちゃんは寅さんとは違って物静かな人でした。私生活は絶対に秘密。どこに住んでいるのか誰も知らない。その理由はいくつかあるはずだけど、僕なりに納得できましたね。

われわれの世代は、世間に顔を出すのは恥ずかしいことだった。だから、自分の家の前に黒塗り（ハイヤー）を乗りつけたりしないんです。家の少し手前か少し通り過ぎてから降りる。近所の人にひけらかしたりはしない。こういう心情は、東京の下町に育った人間にはよく理解できるんです。

渥美ちゃんは映画や演劇が大好きで、よく映画館や劇場へ通っていました。そういうときは自分の存在感を消せる人でした。渥美清だってことさえ、周囲に悟らせない。あんなに特徴的なのに。身を隠すというか、一番目立たないところにさっと座る。

渋谷に「ジァン・ジァン」という小さな劇場がありました。客席数は二〇〇もない程度。演劇やライブやトークショーをやっていたんです。渥美ちゃんはこの劇場に通い詰めていた時期がありましたが、客席に彼がいても気づく人はほとんどいなかった。見事なまでに気配を消していました。

義理堅い人でした。渥美ちゃんは三〇代のはじめに「スリーポケッツ」というお笑いトリオにいたんです。「フランス座」の仲間だった谷幹一と関敬六と、一緒に結成して人気もありました。それなのに、渥美ちゃんが途中で辞めちゃった。でも、その後ずっと二人のことを気にかけて、自分が出演する映画やテレビに推薦していました。『男はつらいよ』の映画に二人は何度も出演しています。

趣味は俳句でした。渥美ちゃんが四〇代半ばの頃、僕が参加している句会に誘ったんです。俳号は「風天」。最初は乗り気じゃなかったけど、そのうち熱中してのめり込んでいました。一人、壁に向かって座って唸《うな》りながら、句をひねり出すタイプでした。

おふくろ見にきてる　ビリになりたくない　白い靴
むきあって　同じお茶すする　ポリと不良
日暮里の　線路工夫や　梅雨の朝

よく句会に顔を出していました。それが突然、ぷっつり来なくなってしまった。後から分かったことですが病気だったんです。肝臓ガンが肺に転移していたのに、それを公表せず『男はつらいよ』の撮影を何年も続けていました。親しかった僕らにも打ち明けませんでした。心配させるのが嫌だったんでしょうね。

平成八年（一九九六）に渥美ちゃんが亡くなってもう二〇年になります。東日本大震災の被災地を訪ね歩いたとき、瓦礫の山と化した現地で渥美ちゃんを見かけました。あの戦争の爆撃によって、焦土となった東京の下町で共に生きてきた仲です。その記憶が蘇《よみがえ》り、渥美ちゃんの姿が見えたのかもしれない。もちろん震災の瓦礫の中、立ち話をしたわけではありません。人影を見て、あっ、渥美ちゃんと思っただけです。街中で渥美ちゃんに会うことも多くなりました。あっ、渥美ちゃんと思って声をかけようとすると、すっと消えてしまう。

今まで僕は、渥美ちゃんのことをどこにも書いたことはありません。それだけ親しかったということです。

淀川長治《ながはる》

昭和二〇年代の娯楽といえば映画とラジオでした。高校時代の僕は映画研究会をつくっていました。映画をよく観ただけでなく、映画雑誌も丁寧に読んでいたんです。「映画之友」という雑誌が、若い読者を対象にした「友の会」を募集しているのを知りました。すぐその会に参加して、編集長の淀川長治さんと知り合いになることができたんです。

後に淀川さんはテレビ番組の映画解説者として、お茶の間の人気者になりました。本当に映画が好きでしたね。神戸の置屋の長男に生まれ、四歳のときから母に連れられて映画館に通い続けた。中学生になるとますます映画館に行くことが多く、数学の先生から、

「お前は映画ばっかり観て、ちっとも勉強せんな。算数もっと勉強しろ」

と叱《しか》られた。淀川さんは「はい」と答える代わりに、

「それは無理。先生こそ今やっている『ステラ・ダラス』をご覧なさいよ」

そう言い返した。自分を持っている立派な子どもですね。この映画は貧しく無知な母親ステラが、美しく育った娘のために身を退くという物語。裕福な夫に娘を託して姿を消してしまうんです。娘は上流階級の伴侶《はんりょ》を得て結婚式を行う。雨の中、窓からそっと幸せそうな娘の晴れ姿を見つめる母というのがラスト・シーン。何度もリメークされましたが、淀川さんが観たのは最初のサイレント映画でした。

淀川少年に勧められたその若い先生は、同僚二人を誘ってすぐ観に行ったといいます。

この先生たちも偉いですね。次の日、

「いい映画だったよ」

と、先生は淀川少年に伝えたんです。

「みんなが学帽を隠して、怖がって映画館に入るのは間違っています。堂々と入れるようにしてください」

淀川少年は、そう抗議した。当時も今も、小・中学生が大人の同伴なしで観られない映画もあるでしょ。この先生は淀川少年の言葉を受け、月に一回、映画館を貸切りにして鑑賞会を行った。なかなか粋な計らいです。

淀川さんは喜劇王とされるチャップリンの大ファンでした。『ステラ・ダラス』のラスト・シーンが、チャップリンの名作『街の灯』のラスト・シーンを生み出したと言っていました。こと映画に関しては記憶力が物凄《ものすご》い人でした。

チャップリンが来日したとき、アポなしで訪ねて取材に成功したという話は有名。当時、二六歳の淀川さんはアメリカの映画会社「ユナイト」の大阪支社に籍を置いていました。その関係でチャップリンが新婚旅行のため豪華船に乗り、神戸に極秘で入港するとのニュースをキャッチ。まったくの初対面にもかかわらず勝手に船へ押しかけ直談判したんです。チャップリンは甲板で五分のインタビューを承諾した。その甲板でいきなり淀川さんはパントマイムを始めた。チャップリンが数々の映画で演じた姿でした。

息を呑《の》んで見守っていたチャップリンは淀川さんを自分の部屋に招き入れたといいます。そして、たった五分のはずが一時間のインタビューに成功。このエピソードだけでも、淀川さんがいかにチャップリンの熱烈なファンで、何度も何度も同じ映画を観ていたかが分かります。

一流を知る方法

初めて淀川さんにごちそうになったのは、僕がまだ学生の頃でした。NHKの食堂で、ステーキを注文してくれた。これが固くてボソボソ。

「永君、自分でお金を稼ぐようになったら、横浜のホテルニューグランドに行ってステーキを注文しなさい。どんなに味が違うか分かるから……」

なかなか切れないステーキと格闘している僕に、淀川さんは目を細めて笑いながら言ったんです。

　これが淀川流の教育でした。あの人はなんでも一流が好きだった。世界一ならなおいいんです。一流のものならクラシックからボクシングまで。世界一強い人、世界一美味《おい》しいものに目がなかった。

「映画を観る前に、歌舞伎を観なさい。寄席に行きなさい。一流のものなら、なんでも興味を持ちなさい」

　淀川さんは若い僕らによく言っていました。さらに凄いのは、一流のものを理解するためには、最低のものも見たり食ったりしなければ分からない。そう教えてくれたことです。ご本人はそれをちゃんと実践していました。

　淀川さんのこの教えを守り、僕は仕事を始めた頃、事務所から前借りをしてでも映画、寄席、コンサート、歌舞伎、ボクシングなどなんでも出かけて行きました。できるだけ生《なま》で本物に触れれば、それらが身についていつか財産になると思っていたからです。


「四月一〇日の会」

イラストレーターの和田誠さんも映画が大好きです。「『映画之友』友の会」に高校生の頃、二回ほど顔を出したこともあったそうです。たまたま淀川さん、和田さん、僕の三人で会ったとき、誕生日が同じだと分かりました。そこで「四月一〇日の会」をつくり、その日にお茶を飲みながら映画の話をよくしていたんです。ずっと後から、シンガーソングライターのさだまさしも、同じ誕生日だとなり、この会は四人になりました。

ある年の誕生日に、

「大先輩の淀川さんに、ごちそうしよう」

僕が言い出して、淀川さんの家を訪ねたんです。そしたら、

「誕生日に一番大変だったのは、産んでくれたお母さんでしょ。だから、誕生日というのはお母さんに感謝する日なの。ごちそうする相手はお母さんです。もし亡くなって誘えないなら、お墓参りに行きなさい。そんなことも分からない奴らと、食事なんかしたくない」

淀川さんは真剣な顔で叱った。

「すみませんでした」

お説ごもっとも、と引きあげました。

もう一つ忘れられないのが、淀川さんが朝起きたとき唱えるという言葉。目覚めた床の中でまずその日の日付を言うんです。そして、

「今日という日は、一年に一回しかない。今年の今日は一生のうち一回しかない」

と、自分に言い聞かせる。一日、一日を大切にして物事に接する。その心が審美眼に繋がっていたのかもしれません。さらに、どんなにつまらない映画でも、光るものを見つけて褒める優しい目を培ったともいえます。

淀川さんは映画の解説や評論や編集などをこなし、一口でその肩書きを括《くく》れる人ではありません。好奇心を全開にして、生きることを愛した、映画好きのおじさん。そして話術の名人としても一流でした。

岸田今日子《きょうこ》

高校生の頃、僕は「文学座」で照明のアルバイトをしていました。舞台に立つ新人の女優、岸田今日子さんにもライトを当てていた。彼女の舞台のデビューは昭和二五年（一九五〇）。以来、仲良くお付き合いさせてもらいました。

今日子さんは劇作家・岸田國士《くにお》の次女として東京で生まれ、高校在学中に裏方として「文学座」に入ったんです。でも、間もなく女優として、新劇を代表する存在になりました。舞台や映画で好演を続けましたが、さらに迫力があったのは朗読。聴く人の心を鷲掴《わしづか》みして、引き寄せ、離さなかった。無論、妖艶《ようえん》さと無邪気さを併せ持つ彼女の演技は、たいしたものでした。特に『砂の女』という映画を観て以来、僕は女優・岸田今日子のファンになりました。

今日子さんの周囲には素敵な男性がたくさんいたんです。義理の兄であった谷川俊太郎さんもその一人。僕が憧《あこが》れる詩人です。今日子さんが谷川さんを紹介してくれることになり、上野駅で待ち合わせました。皆で軽井沢へ行くことになったんです。谷川さんはまっ白な麻のスーツ姿で現れた。右手にワイン、左手にワイン・グラスを持っていました。眩《まぶ》しい感じでした。それからも、今日子さんとは公演のため一緒に旅を何度かしました。その旅の途中でいろいろな話をした。

絵日記の大きな○《マル》

一番印象に残っているのは彼女の少女時代のエピソード。今でいう不登校児だったそうです。不登校のまま夏休みになり二学期を迎えた朝、

「そろそろ学校へ行ったら……」

と、お母さんに言われました。

「ずっと行ってないから、イヤ」

今日子さんはグズったそうです。

「みんなも夏休みだから、お休みしていたのよ。大丈夫」

お母さんにそう励まされ、いやいやながら今日子さんは学校へ行った。そして、手つかずのままの絵日記と宿題を先生に提出したんです。

「楽しいことがたくさんあり過ぎて、宿題をする暇がなかったのかな」

先生は今日子さんに笑いかけ、白紙の絵日記に大きな○を書いてくれたそうです。感激した今日子さんは先生と学校が好きになり、それ以来、不登校をやめた。

この話には後日談があります。女優になった今日子さんが先生と再会したときです。

「先生の○のお陰で、私は卒業できたんです」

真っ先に今日子さんはお礼を言った。しばらくキョトンとしていた先生は、今日子さんの説明を聞いて、合点がいきました。

「あれは○じゃないよ。零点という意味……」

そこで二人は大笑いしたそうです。

でも、今日子さんは強制せずに背中を押してくれたお母さんや、白紙の絵日記や宿題を一方的に責めなかった先生に感謝していました。

そういう教育を受けてきたからでしょうね。今日子さんは、言葉を素直に受け取る子どものしなやかな感受性を、どこかで信じていたような気がします。その感受性に訴えかければ、心になにか変化が起きるかもしれないと。

魂の朗読

実際、そんなことを感じさせる場面に僕は出会いました。

愛知県のとある高校へ一緒に行ったときでした。そこは不登校や中退生を集めた学校。僕らの話を聞くために、体育館に集合した生徒たちの多くが手に灰皿を持っていた。今日子さんの朗読が始まっても、生徒たちは煙草《たばこ》をスパスパ。大声で私語を続け、誰も聴かない。そんな雰囲気に動じることなく、ひたすら今日子さんは詩の朗読を続けていました。

体育館は騒然としたまま一〇分が過ぎ、二〇分が過ぎていった。やがて、騒ぐことに飽きたのか、今日子さんの朗読に根負けしたのか。生徒たちは煙草を消し、私語をやめて耳を傾け始めたんです。最後には目に涙を浮かべている子もいました。

今日子さんの朗読は子どもだけではなく、大人の心もとらえて離しませんでした。フォーク歌手の高石ともやが京都で開催していた「宵々山コンサート」に今日子さんがゲストで出演したとき。その日、ともやが歌う前に、その歌詞を今日子さんが朗読したんです。水を打ったような静寂の中、彼女の声が朗々と響き渡りました。聴く人の心に一つ一つの言葉が、透明な音になって染み入る感じでした。舞台の袖にいたともやは、感動してその場に釘づけになり動けなかった。しばらく舞台に出てこられなかったんです。

今日子さんの朗読は、魂に訴えかけるものでした。

第二章　三木鶏郎の伝説

日本で最初にCMソングをつくった男

僕が少年のとき熱中した遊びは、ラジオの部品を秋葉原で買い求め鉱石ラジオをつくることでした。その資金は焼け跡で拾い集めた鉄くず。ラジオを聞くのが好きで、特に昭和二二年（一九四七）の秋から始まった、NHKの『日曜娯楽版』という番組は気に入っていました。

その中に「冗談音楽」というコーナーがあった。歌とコントで世相を風刺していて、爆発的な人気を博していた。演出をしていたのが三木鶏郎《とりろう》さん。作詞・作曲だけでなく放送作家や演出家としても活躍された。日本で最初にコマーシャル・ソングをつくった人でもあります。

「冗談音楽」で使われたコントは、リスナーからの投稿作品が多かった。今みたいに当たり障りのないテーマを局側が決めて募集するのではなく、言いたいこと、伝えたいことをリスナーに任せるものでした。だから、人々が日々の暮らしの中で感じる政治や社会に対する風刺が面白かったんです。

中学生の頃からせっせと投稿し続けていた僕は、いわば常連。そのお陰で、大学一年のとき正式に「トリロー文芸部」のスタッフになれました。放送の仕事をしないかと、常連の学生の中から選んで採用していたんです。この三木鶏郎さんとの出会いが、その後の僕の人生に大きく影響しました。

後に知ったことですが、鶏郎さんがNHKのラジオ番組を担当することになったのは、本人いわく「瓢簞《ひょうたん》から駒」だったそうです。東大の法学部を卒業して会社勤めを始めて半年、召集令状が来て陸軍に入隊させられた鶏郎さん。終戦後、実家がある東京の市ヶ谷に戻ったときには三一歳でした。辺りは一面の焼け野原で、永田町の国会議事堂の三角屋根がよく見えたといいます。敷地内にトタン屋根のバラックを建て雨風を凌《しの》ぐ生活が続いた。追い打ちをかけたのが食糧難。食べ物を求めて千葉まで買い出しに行ったりしていた。

そんな中で生まれたのが『南の風が消えちゃった』という歌。敗戦後の困窮した生活を明るいリズムとユーモアを交え作詞・作曲したものです。うらぶれた生活と戦争が終わったという解放感が感じられます。

「餓死するくらいなら、好きな音楽の世界で生きてみよう」

鶏郎さんはそう思った。六歳の頃からオルガンを弾き始め、大学では音楽部のサークルに所属するくらい音楽が好きでした。作曲も著名な諸井三郎氏に師事して学んでいました。そこで「音楽ウィークリー」という雑誌をずぶの素人なのに創刊しちゃった。これが完売したため気を良くして二号の編集にも取りかかり、「現代日本の社会で、音楽家は食べて行けるかどうか」というテーマを立てた。誰にインタビューするか悩んだ末、放送局のおエラ方にしようと思いついたんです。当時、放送局といえばＮＨＫしかありません。とにかく当たって砕けろと、編集長という肩書の名刺をつくり、ＮＨＫの受付まで出向いた。敗戦からわずか五か月後、昭和二一年（一九四六）の冬でした。

一〇分間のミュージカル・バラエティ

「音楽関係の責任者の方に、少々お話をお伺いしたい。お取り次ぎをお願いできますか」と、鶏郎さんは受付嬢に伝えた。なんと、怪しまれることなく四階の音楽部に通され部長に会えたといいます。

ことが簡単に運んだのは戦後の混乱期だったためです。敗戦時の玉音盤争奪戦以後、うるさいことを言っていた軍部が姿を消してしまった。すでにＧＨＱ（連合国軍最高司令官総司令部）が日本に駐留していたとはいえ、出版や映画の検閲に忙しくラジオまでは手が回らなかった。とはいえ、軍歌はご法度、ジャズも白々しい、せいぜい日本の古典音楽を流す程度。ＮＨＫの音楽部はやることがなくて、部長以下みんな暇だった。そこに鶏郎さんが飛び込んできたというわけ。無事に音楽部長のインタビューを終えた鶏郎さんは、帰りがけに意を決し、

「私は趣味で作曲をやっていますが、見てもらえますか」

と、部長に申し込んだ。音楽の素養がある部長は差し出された楽譜を見て、すぐ近くにいる部員を呼び、その週の番組予定表を持ってこさせました。そして一時間の長唄を五〇分に縮めて、その余った一〇分に鶏郎さんの歌を流すよう即決。今では考えられない話です。

鶏郎さんは茫然《ぼうぜん》自失のまま、なにひとつ打ち合わせをしないで帰宅。その後、ＮＨＫから連絡がなかったため、すべてを任されたと解釈して作詞・作曲を追加。三曲ほどつくったもののまだ時間が余ると思い、曲と曲の間にコントを挟もうと閃《ひらめ》いた。つまり構成も脚

本も仲間と一緒に考え、勝手気儘《きまま》に一〇分間のミュージカル・バラエティをつくり上げてしまったんです。

それを持って鶏郎さんとその仲間は、放送当日の番組開始一時間前にNHKに到着。当時はすべて生放送でした。それなのに放送はちゃんと始まり、ちゃんと終わった。これは奇跡としかいいようがないと思ったそうです。自伝（『三木鶏郎回想録』）にはこう記されています。

「カリカリのパンパンに頭脳と感性は凝固し、目は血走って楽譜とセリフを書いた紙片の間を右往左往し、口だけがパクパク揃っていた」

それから一週間後、鶏郎さんの家に電話がかかってきました。庭にバラック小屋を建てたときから申し込んでいたのが、やっと付いて最初に鳴った電話の相手がNHK。今度は音楽部の副部長が至急に会いたいという連絡でした。翌日、約束の時間に出向いた鶏郎さんに予想もしなかった話が持ちかけられました。

「君がやったようなコーナー、来週の日曜日の昼から、定期的にやってくれないか」

いきなり副部長に切り出されたんです。名前を丸山鉄雄と名乗るこの人が、以後、鶏郎さんと組んで仕事をする相手になった。戦後の代表的知識人とされた政治学者の丸山眞男《まさお》のお兄さんでした。

「無理です。あれでタネ切れです。僕らはまったくの素人です。それを毎週、しかも一五分間なんて」

鶏郎さんは即座に断った。

「実はＮＨＫも困っているんだ。終戦以来、なにも新しいことはやっていない。焼け跡に残った古いものなんて役に立たない。新しいものしか生きていけない。だが、新しいものはなかなか発見できないんだ。ようやく見つけた、微《かす》かな光、それが君なんだよ」

丸山さんは胸のうちを晒《さら》して訴えました。その真摯《しんし》な言葉に、

「やります」

鶏郎さんは発作的に答えてしまった。その帰り道、胸に迫る感情を抑えきれなかったそうです。誰にも遠慮せず、自分の言いたいことを言える時代が来た。自由の到来を肌で感じた瞬間でした。

家に戻り多少の冷静さを取り戻すと、受けた仕事がいかに大変なものか気づきます。番

組のタイトルは『歌の新聞』。つまりニュースを盛り込む必要がありました。食糧難は続き、急激なインフレが進行して物価は高騰。特に紙不足は深刻で、新聞でさえ各紙せいぜい四ページ程度でした。人手も含めあらゆる物が不足する中、原稿を書き、ガリ版を切り、謄写版で印刷。さらに作詞・作曲をして、「三木鶏郎グループ」という楽団も結成。驚異的な才能を発揮して、不可能を可能にしてしまったんです。

GHQに理解されなかった風刺

この番組は、敗戦翌年の昭和二一年（一九四六）二月から定期番組として毎週、日曜日の昼に放送されました。その日のニュースをすぐ取り入れてギャグにする、自由闊達《かったつ》なものでした。

徹夜も含め働きづめだった鶏郎さんでしたが、慢性の飢餓状態に苦しめられていました。物がない、金がない、暇がない状態が続いたといいます。やたらにお腹が空いて、体重は落ち続けた。『歌の新聞』のネタ探しのために街に出たり、放送のためNHKに通ったりするときに、省線（＊編注　旧国鉄）や都電やバスを利用していたんです。ホームや停留所で乗り物が来る間、長く立っていると辛《つら》くて思わずしゃがみ込んでしまった。周囲の人々も皆しゃがみ込んでいたそうです。誰も彼もが栄養失調の時代でした。

『歌の新聞』の放送が始まって六か月後、それまでまったく干渉しなかったＧＨＱの組織下にあるＣＩＥ（民間情報教育局）が突然、脚本の事前検閲を言い渡してきました。鶏郎さんは、これは困ったことになったと思った。英訳となると風刺の意味が伝わらない怖れがある。本番直前までしていた手直しができなくなる。そんな不安が頭をかすめたといいます。その不安はすぐに的中。あるコントに横槍《よこやり》が入りました。簡単に説明すると、

〝民主主義と書いてある標語の紙の裏を見たら、八紘一宇《はっこういちう》と書いてあった〟

というもの。「八紘一宇」とは〝世界を一つの家にする〟という思想で、軍部が侵略戦争を正当化するために使ったスローガンでした。つまり、このコントは「八紘一宇」とか「大政翼賛」とか言っていた人間が、掌《てのひら》を返して「民主主義」と言い出したことを風刺しています。紙不足という皮肉も含まれていました。ところが、ＧＨＱの検閲官にこの風刺はまったく理解されませんでした。

「また八紘一宇という思想を宣伝したいのか。三木鶏郎はけしからん男だ」

となってしまった。鶏郎さんはファシスト呼ばわりされました。しかも『歌の新聞』の放送は二週間後に打ち切りを申し渡された。言葉の違う異国に占領される、というのはこういうことなんでしょうね。

鶏郎さんが凄《すご》いのはそこで諦《あきら》めなかったことです。NHKの丸山さんに掛け合い、打ち切りまでの二週間、GHQが納得するコントを放送したいと訴えました。そして、アメリカ人でも理解しやすい「女だけの島」を考え出したんです。

〝ボートに乗った男と女が潮に流され、女だけの島に辿《たど》り着く。

男は酒を飲むし、自分のことばかり考えている、しかも喧嘩《けんか》や戦争までする。だから、島の女たちは、男たちを隣の島に追い出してしまった。そうして満ち足りている女の島にも悩みが一つだけある。それは男がいないことだ。ボートで島に漂着した男女のうち男のほうは、島中の女たちから追いかけ回される。

漂着してきた男女二人はまた海へと逃げ、隣の男だけの島に辿り着く。

男だけの島は泥棒とスリの親分が内閣をつくり、議会は休眠中だった。盗みと暴力が日常茶飯事。今度は逆に島に辿り着いた女が、島中の男たちから追いかけ回される。

彼女は男たちを前に、また男と女が一緒に暮らせるように仲立ちするから、いくつかの約束を守って欲しいと申し出る。女性を大切にすること。泥棒やスリをやめて真面目に働く……島の男たちは口ぐちに承知、承知と同意する〟

めでたし、めでたしという内容でした。このコントは無事にGHQの検閲を通り、二回に分けて放送されました。検閲官にもリスナーにも評判が良かった。それでも昭和二一年（一九四六）八月、『歌の新聞』はGHQの決定通り打ち切り。ただ、鶏郎さんには才能があるから、以後もNHKで使うようにと検閲官を賛同者に変えてしまったんです。

権力のメディア操縦法

それからしばらく経って、鶏郎さんはまたNHKの丸山さんから呼び出され、新番組の打診をされました。そして、昭和二二年（一九四七）一〇月に始まったのが、僕らが熱心に聞いていた『日曜娯楽版』です。鶏郎さんは『歌の新聞』の三木鶏郎グループと楽団を率いてこの番組に参加。最初は娯楽番組とされGHQの干渉もなかったそうです。鶏郎さん自身も政治や社会の風刺よりも、音楽を主とした軽快な笑いの番組にしたいと思っていた。それでも、実際に放送が始まると、相変わらず痛烈な社会風刺を書き続けました。

コントと音楽を組み合わせたこの番組は、聴取率が跳ね上がり人気も急上昇。そのため、GHQも見過ごせなくなり、毎週、検閲官の指導が必要と言い渡されました。幸いだったのは、この検閲官がリベラリストだったため、日本の政治家や役人については、品のない中傷以外は認める、ただし、占領政策への批判はいっさい許されないというものでした。

この番組が始まって二年後、鶏郎さんはそれまでのスタッフに加え、「トリロー文芸部」も発足させ構成作家を集めました。僕がここに参加したのはその三年後の昭和二七年(一九五二)、一八歳でした。事務所には誰かが必ずいて、溜《た》まり場みたいな雰囲気。僕は夢中でコントを書き続けました。

当時の世の中は二五年(一九五〇)に始まった朝鮮戦争をきっかけに、大きく変わろうとしていました。北朝鮮と韓国が対立したのがこの戦争。アメリカは連合軍として韓国側につき、日本への占領政策にも変化が生じた。日本を民主的な国にするという理想が消え、共産主義を防衛する砦《とりで》と認識し始めたんです。

これによって二六年に「日本国との平和条約(サンフランシスコ講和条約)」が締結され、

翌年にはGHQが日本から撤退。日本の主権が回復しました。報道の自由を手に入れたNHKは、そのときなにをしたか。今度は『日曜娯楽版』を潰《つぶ》す画策でした。

この年の六月、突然、『日曜娯楽版』は『ユーモア劇場』へ変更する、と番組の最後に告知されました。

「『日曜娯楽版』を廃止するのではない、『ユーモア劇場』と名前を変えるだけである。その証拠には『冗談音楽』はそのまま存続するし、チーフ・ディレクターもそのままである。内容は日本独立にふさわしく、春風のごときユーモアを」

古垣鉄郎NHK会長は、記者会見で奇妙なメッセージを読み上げました。政治家に向かっては『日曜娯楽版』は廃止と言い、鶏郎さんたちには別に変わりなく単に題名を変えただけだと、言い訳ができる方法を考えたわけです。

NHKの真の狙《ねら》い

当初、鶏郎さんたちはこの変更を甘く考えていました。ところが、新しい番組が始まるとNHK上層部の深慮遠謀《しんりよえんぼう》が分かってきたんです。『日曜娯楽版』は「本体」と「冗談音楽」に分かれていて、両方に、鶏郎さんが抱える構成作家グループと投稿者によるコントが採用されていました。それが『ユーモア劇場』では「本体」からこの作家グループを外して、投稿者だけのコントにしたんです。しかも、NHKが直接に公募するもので、題が予《あらかじ》め「遠足」「下駄箱」「手紙」などと他愛ないものに限られた。

この結果は聴取率にすぐ現れ始めました。それまで七〇パーセント近かったのに、回を重ねるごとに凋落《ちょうらく》の一途を辿って行ったんです。

その頃、鶏郎さんは丸山さんに誘われ、よくヤケ酒を飲みました。GHQの検閲がなくなったと思ったら、今度は政府の検閲が始まった。二人はそんな重圧を感じながら杯を重ねていました。やがて、NHK首脳部の真の狙いは聴取率を下げることだったと、鶏郎さんたちは気づき始めたんです。『日曜娯楽版』を急に廃止すると新聞や雑誌を含め大騒ぎになる。だから、『ユーモア劇場』に名前を変え、内容を骨抜きにする。結果、聴取率が下がっていけば廃止する大義名分が成り立つ。そんな思惑が透けて見えてきたというわけです。

そこで挫《くじ》けなかったのが鶏郎さんの凄いところです。『ユーモア劇場』が始まって六か月後、鶏郎さんは一つの提案を丸山さんに切り出しました。

「この番組が従来通りというなら、毎年、恒例の『冗談音楽総集編・一年回顧版』はやりますよね」

「それはいいところに気がついたな。もしかしたら、突破口になるかもしれない」

丸山さんはそう言って、上層部に掛け合ってみようと乗り気になってくれた。二人のこの作戦は首尾よく運びました。

その年の暮れ、総集編として放送された『ユーモア劇場』の番組すべてを、鶏郎さんとそのグループの構成作家たちが担当。その回の聴取率だけが急上昇した。メディアの評判も良く、こうした番組を続けて欲しいという要望が相次ぎました。これを足掛かりに、さらに鶏郎さんは『ユーモア劇場』の改革を目指し「トリロー文芸部」がコントをつくるという提案をしたんです。半年間、何事もなかったことに慢心したのか、公募コントの題に行き詰まりを感じたのか、NHK首脳部はこの提案を受け入れました。

「犯罪の陰に政治家あり」

この頃の僕は、「トリロー文芸部」の新米でした。だから、鶏郎さんの苦労も知らず、毎日、毎日、コントを考える日々を過ごしていました。なにを書いたか、もうほとんど覚えていません。一つだけ思い出すのは自衛隊がつくられたとき、

「いない、いない、ばぁっ！　自衛隊」

と書いて、それが放送されたことです。それだけ僕らコント作家の表現の自由は守られていたといえます。それが番組にも反映されて、やがて聴取率は『日曜娯楽版』に迫る勢いにまで回復。このまま長寿番組になるはずでした。それなのに番組が始まって約二年後、当時の郵政大臣が記者会見で、こんな発言をしたんです。

「最近のＮＨＫは国会や政府をおちょくっているから、これじゃ受信料は上げられない」

状況は急展開。ＮＨＫは受信料の値上げを政府に申請していた時期でした。

〝犯罪の陰に女あり〟という言葉をもじった「犯罪の陰に国会議員あり」というコントが問題になったと、鶏郎さんは新聞記者から聞いたそうです。

この大臣の発言から数日後に、次週の『ユーモア劇場』から風刺コントを外すよう、ＮＨＫの首脳部から直接、鶏郎さんに依頼がありました。鶏郎さんはあまり深く考えずに承知した。それが大騒ぎのきっかけでした。

風刺コントを外した番組が放送されると、「朝日新聞」が「表現の自由の危機」として大きく取り上げたんです。政治家、評論家、学者などを巻き込む論争になり、鶏郎さんは国会に参考人として呼ばれました。NHK首脳部も鶏郎さんも、個人的な弾圧はないということでこの問題は一応決着。鶏郎さんの本心は音楽家として認められたかった。それが余技といえる風刺コントで騒がれてしまい複雑でした。

なにはともあれ大騒ぎになったため、以後『ユーモア劇場』に対してNHK首脳部はなにも言わなくなった。だから、僕らは言いたいことをコントにしていました。聴取率も『日曜娯楽版』を抜くほどの人気番組になったんです。

世間を揺るがす「造船疑獄」

ところが、それから一か月も経たない昭和二九年（一九五四）四月に、世間を揺るがす大事件が発生。戦後の民主主義の大きな汚点とされるあの「造船疑獄」です。政府が出資する計画造船の割り当てを巡って起こった収賄事件。政官財の癒着が、検察によって暴露されました。

各界から多くの逮捕者が出る中、検察はときの与党の幹事長・佐藤栄作の逮捕許諾請求を決めました。それに対し、吉田茂総理の意を受けた法務大臣・犬養健が「指揮権」を発動して、佐藤幹事長の逮捕を中止させたんです。翌日、犬養法相は辞任。とはいえ、近代国家の基盤といえる司法、立法、行政の独立を犯す行為でした。メディアはこぞってこのニュースを報道し続け、『ユーモア劇場』への投稿も山のように寄せられました。皆、風刺と怒りに満ちていた。当時、放送されたコントや替え歌を少しだけ紹介します。

―A　飼犬さんがやめたねェ
―B　誰だって？
―A　法務大臣だよ
―B　馬鹿！　名前がさかさまだ

現代政治家五訓
一、政治家は親分の命令に忠実なることを本分とすべし。

一、政治家は外国に礼儀を正しくすべし。
一、政治家は法律の言外の意味を尚《たっと》ぶべし。
一、政治家は金品を重んずべし。
一、政治家は世論をそらすことを旨とすべし。

「パロディー」（『汽車』の替え歌）
今は国会　今は赤坂
今は小菅へ　入るぞと
思う間もなく　法律の
盲点くぐって抜けて出る

この替え歌、若い人のために説明すると、赤坂は料亭が、小菅は刑務所があった場所。こうした辛辣《しんらつ》な内容がラジオから流れたんです。その直後にＮＨＫになにかが起こりました。次の週から『ユーモア劇場』の政治風刺に封印命令が出され、「会長室検閲」が始まった。番組は見るも無残な形になってしまった。さらに一か月半後、鶏郎さんだけでなく丸山さんにも一言の相談なく、突然、番組の打ち切りが決定。さり気なく定例更改による打ち切りということでした。記者会見でその理由を追及された古垣会長は、

「ユーモアが高尚でないので……」

と苦しい答弁をしました。あくまで政府の干渉はなく自発的に中止したと答えたんです。政府はノーコメントを貫きました。

いったい、なにがあったのか。長い間、その真相は明らかになりませんでした。噂《うわさ》として、「政府の誰かがＮＨＫの古垣会長に電話をかけて、打ち切らなければクビにすると脅した」というものでした。

それから三〇年後、偶然、鶏郎さんは都心のクリニックで古垣元ＮＨＫ会長とばったり会ったんです。長年、心にわだかまっていた「打ち切り事件」について尋ねました。

「君のお陰で、僕はＮＨＫをクビになったよ」

「文句を言ってきた相手は、いったいどこの誰ですか」

「佐藤栄作幹事長、本人さ」

古垣元会長は鶏郎さんに名前を明かしたといいます。

結局、政府は古垣会長に番組を打ち切らせたものの、その座に留《とど》まらせるわけにはいかなかったんでしょう。メディアからの追及を恐れたのかもしれません。古垣元会長はフランス大使になってＮＨＫを去りました。

権力とメディアの関係、今また似たような問題があちこちで起きていると思いませんか。

鶏郎さんとディズニー

鶏郎さんは日本で初めてディズニー映画と仕事をした人です。

敗戦後、日本でもディズニー映画が公開されるようになりました。最初の作品が『白雪姫』。この日本版の音楽や訳詞を担当したのが鶏郎さん。もともとディズニー映画が好きでした。「三木」というペンネームも「ミッキーマウス」からとったんです。さらに、ＮＨＫに初出演したとき三人組だったことから、「トリオ」をもじり鶏郎という漢字を当てた。権威ぶらない遊び心のある人柄がペンネームからも窺えます。

『白雪姫』は全編がカラーという映画史上初のアニメーション。子どもだけでなく大人も驚き、ディズニーの最先端の技法が評判になりました。そのため、『バンビ』『ピノキオ』『ダンボ』『わんわん物語』が次々に日本でも公開。もちろん鶏郎さんが日本版の音楽などを担当。僕がかかわったのは『ダンボ』からです。サーカス小屋の入り口にコウノトリが子象を置いていく。可愛《かわい》い顔をしていますが、異常に耳が大きい。その容姿をからかわれ皆から苛《いじ》められバカにされる。ところがある日、その大きな耳を翼代わりにして自由に空を飛べるようになったダンボは、サーカスのスターになる。そんな子象の物語です。

『ダンボ』のコーラスには僕も駆り出され苦労しました。凝り性の鶏郎さんはなかなか納得してくれず、何度も何度もやり直しをさせられた。最後まで本人自身はその出来に満足していませんでしたが、周りから褒められ、時間切れも重なってついに公開。娯楽に飢えていた日本の子どもたちに大変な人気となったんです。

当時、ディズニー側からは総指揮者としてジョン・カッティングさんが来日していました。いつもきちんと背広に蝶《ちょう》ネクタイという恰幅《かっぷく》の良い中年の白人男性でした。この人も仕事には厳しかった。日本の声優をキャスティングするためラジオに聞き入り、これと思う声の持ち主がいると僕に、

「出演交渉して来て欲しい」

と言うんです。多くの人と交渉しましたが、特に大変だったのが国会議員の浅沼稲次郎さん。後に社会党の委員長になった人です。その声が国会中継のラジオから流れたのを聞いたジョンさんが白羽の矢を立てた。『わんわん物語』のブルドッグの役。なかなかジョンさんが納得する声の持ち主がいなくて難航していました。確かに浅沼さんは巨体で大学生のときは相撲部に所属していた猛者《もさ》。声が大きく迫力もあった。でも、

「無理ですよ。政治家だから声優はやらないと思います」

僕はジョンさんにそう言いました。

「ギャラはいくらでも払う。一〇日ほど時間をくださいと頼んでくれ」

ジョンさんは一歩も引かぬ強い口調で命令するんです。しかたなく議員会館に僕は足を運びました。案の定、

「無理だよ。この忙しいときに、一〇日も拘束されちゃ……」

当時、社会党の書記長だった浅沼さんに断られました。それでも粘る僕に、

「次に機会があったら、そのときは引き受ける」

と、約束してくれたんです。『わんわん物語』の映画が公開された後、鶏郎さんと僕はこの作品をラジオ番組にしました。そのとき、かつての口約束を守って浅沼さんはブルドッグ役を熱演してくれたんです。ジョンさんが喜んだのはいうまでもありません。ちなみに僕もこの映画ではチワワのペドロ役で、声の出演をさせられた。

それからわずか四年後、浅沼さんは日比谷公会堂の壇上で右翼少年に刺されて命を落としました。豪快な義理固い政治家でした。本当にショックだった。

淡島千景《あわしまちかげ》の弟

ディズニーの映画の仕事をする中で、僕は面白い男に出会いました。中川雄策《なかがわゆうさく》という名前でした。年が近かったこともあり、彼の家に遊びに行ってビックリ。淡島千景さんがいたんです。淡島さんは宝塚の娘役として絶大な人気を誇るスターでした。僕が会った頃は退団して女優の道を歩んでいました。雄策は淡島さんの実の弟でした。そんな淡島さんが雄策と僕のために何度も食事をつくってくれました。

その後、雄策はアメリカに渡り、『トムとジェリー』で有名な制作会社などで活躍したんです。優秀なアニメーターでした。それまでのアニメは例えばお姫さまが泣くと目の縁に涙が溜まり、ポロンと落ちてトントントンと点になっていた。ところが、雄策は涙が膨らんできて、糸を引きながら落ちるというアニメをつくった。本来、アメリカのアニメのほうが先生だったのに、涙をリアルに描いたということで高い評価を受けたんです。

宮崎駿《はやお》監督の作品を代表とする日本のアニメは、緻密《ちみつ》さと美しさで世界中にファンがいますが、彼はその先駆者といえます。この弟を淡島さんは可愛がっていた。それで僕にも弟のような感じで接してくれました。

だから、ずっと心のどこかで淡島さんのことは気にかかっていました。宝塚のメークって凄いでしょ。あれはアニメの顔ですね。素顔で会うのと舞台で会うのとでは全然違う。でも、淡島さんはそんなに変わりませんでした。男役も演じたことがあって、それをたまたま観た漫画家の手塚治虫さんが触発され、『リボンの騎士』が生まれたと伝えられています。お姫さまが男装の麗人になって悪と戦うという少女漫画です。

僕らの世代は宝塚というと、すぐSKD（松竹少女歌劇団）のことも頭に浮かんでしまいます。この二つの歌劇団は微妙な違いがありました。宝塚は主役を張れる人が多いのに、

ＳＫＤは脇《わき》に回る人が多い。宝塚は何々組の組長というシステムがありますが、ＳＫＤにはそれがなくて横並び。トップに立つ自覚や自信や気配りなどが、宝塚では自然に身についていくのだと思います。

『夫婦善哉《めおとぜんざい》』という映画が、淡島さんの女優としての代表作の一つといえます。昭和初期の大阪を舞台に繰り広げられる、男女の情愛をコメディタッチで描いた物語。今でいうダメ男の老舗《しにせ》の坊ちゃんが森繁久彌《ひさや》さん、しっかり者の芸者が淡島千景さんでした。

「東《あずま》男に京女」という諺《ことわざ》があります。男らしくて気風《きっぷ》のいい江戸っ子と、女らしくて美しい京女が理想的な組み合わせだという意味。でも、森繁さんと淡島さんの出身はその逆。森繁さんが大阪、淡島さんは東京。だから、『夫婦善哉』は成功したんだと思います。

淡島さんは素顔も江戸っ子そのもの。金銭に無頓着な啖呵《たんか》が切れる気風のいい女性でした。口は悪かった。江戸っ子のいい面と悪い面を持っていました。

敗戦後、一〇年くらい経ったとはいえ、当時まだ物資は豊かではなく、穴のあいた靴下は普通だった。僕も淡島さんの家に行くとき、穴のあいた靴下を履いていました。気に留めていなかったんです。雄策とおしゃべりして食事をごちそうになり、帰ろうと玄関に行きました。そしたら、僕の靴の上に真新しい靴下が置いてあった。淡島さんが見かねて黙って置いてくれていた。普段はポンポンと憎まれ口を叩《たた》く淡島さんに、そんな気配りを何度もしてもらいました。

「冗談工房」の立ち上げ

話を鶏郎さんへ戻します。若い人を信じてすべてを任せる。それが鶏郎さんでした。「造船疑獄」の三年前、最初の民放ラジオが開局されました。それから数年の間に次々に民放テレビも開局。鶏郎さんはあちこちから声がかかり、番組の制作に携わっていました。CMの注文も殺到。その明るく軽快な音楽が評価されたわけで、音楽家として認められたいという鶏郎さんにとっては本望だったに違いありません。

鶏郎さんは、抱える構成作家の人数も増え、それまでの「トリロー文芸部」の延長として「冗談工房」という有限会社を立ち上げました。昭和三一年（一九五六）でした。そして突然、その社長を僕にやれと言い出したんです。

「経営なんて、できません」

僕はビックリしてすぐに断ったんです。

「いいんだ。いいんだ」

鶏郎さんは鷹揚《おうよう》にうなずいて笑っていました。なぜか断りきれませんでした。普通、会社をつくったら、その本人が社長になるのに、鶏郎さんはすべて若いスタッフに任せた。社長が僕、専務が作家の野坂昭如《あきゆき》さん。でも、経理担当だった野坂さんは一年で辞任。

当時、経理に入った三〇〇〇万円を、酒や服につぎ込み使ってしまった、というのがその理由だと僕は思っていました。単純計算はできませんが、消費者物価で比較すると今の二〇〇〇万円近い額です。わずか一年で使ったというから豪快としかいいようがない。詳しくは第六章で記しますが、決して悪気はなかったはずです。それだけ僕らは若くて会社経営とか経理に素人でした。

そんな僕らのために、鶏郎さんはまず市ヶ谷の自宅の敷地に事務所をつくり、その近くにあった旅館の大広間を貸切りにして、毎週、コントの選考会を開いてくれた。二〇人近い若者が、それぞれの作品を持ち寄って集まっていました。新しい時代をつくるという活気が溢《あふ》れる会でした。僕らは事務所に寝泊まりして、腹が減ると蕎麦《そば》を食っていた。鶏郎さんは近所の蕎麦屋の代金まで払ってくれたんです。各大学にポスターを貼り、コントなどに興味がある学生を募集もしました。作家の五木寛之さんとか井上ひさしさんも顔を出していました。「冗談工房」には規約もあって、

〝本工房は、ラジオ・テレビ其他《そのた》のために笑話・コント・シナリオ（一括して冗談と称する）を研究・発表・制作する芸術団体であり、新人を育成する機関である〟

というものでした。鶏郎さんの心意気が偲《しの》ばれます。

さらに翌年、「音楽工房」というグループも鶏郎さんは赤坂につくりました。音楽コンクールなどで優勝した若手に、自ら「ゼヒ、オメニカカリタシ」という電報を打って採用していました。若者を助手や使い捨てにするのではなく、むしろ、若い感性に刺激を受け吸収したいという感じでした。だから、僕らにもどんどん仕事を紹介してくれた。どんな重要な会議にも僕らを加え、序列を無視していました。渋沢秀雄（実業家）や入江相政《すけまさ》（昭和天皇の侍従長）といった大物が出席する会議に、僕らも参加させてくれた。それも鶏郎さんの凄いところでした。

鶏郎さんの涙

鶏郎さんの音楽は明るく軽快なリズムでしたが、その底には涙もありました。『ユーモア劇場』が打ち切られた日、鶏郎さんは、

「政治権力の理不尽な暴力に屈服した自分がなんとも情けなくみじめで不愉快にみえた。味方だと思っていたNHKがあえなく権力の横車に降伏してしまったのでは、個人としてはどうしようもなかったが、それでも不愉快だ」

と自伝に書いています。東京生まれの鶏郎さんに帰る故郷はなく、傷を癒すべく京都を旅しました。その古さに感銘を受けながらも、理不尽で曖昧《あいまい》な人間関係の根源に突き当ったと感じたそうです。そして、もう『ユーモア劇場』のような番組をやりたくない。そう思っていました。ところが、

「権力に屈するな」

「ここで終わらず、続きの番組をつくって欲しい」

という多くの人々の声に背中を押されてしまいました。

打ち切りからわずか二か月後、今度は文化放送から『みんなでやろう冗談音楽』という番組がスタート。昭和二九年（一九五四）の夏でした。初回は公開録音となり、NHKの「会長室検閲」でカットされた投稿コントなど全作品が紹介されました。会場を埋め尽くした聴衆からは爆笑と拍手の嵐でした。

この放送が始まって約五か月後の暮れ、吉田内閣総辞職のビッグニュースが流れました。鶏郎さんは、長い間のしこりが消えて胸の中がスーッとしたといいます。その日、この番組は奇しくも京都で公開録音されることになっていた。鶏郎さんは番組の冒頭でいきなり、「吉田内閣総辞職のニュースが入ってきました。長い間待ちに待った瞬間です。万々歳です。法相の指揮権発動以来続けてきたこの番組の意地も通りました。大団円です。というわけで、私はここにこの番組『みんなでやろう冗談音楽』の終了を宣言いたします」と、独断で切り出したんです。そして、予定されていた残り二回の放送をきちっと仕上げ、周囲の反対を押し切ってこの番組を終了させました。

京都での公開録音が終了した後、鶏郎さんはスタッフたちと夜の京都の街へ出ました。食事をしてスタッフと別れ、木屋町を一人で歩き続けた。政治権力にしっぺ返しができたという思いと、大きな仕事を終えたという安堵《あんど》感と寂しさ。自然に涙が溢れ、木屋町の灯《あか》りが霞んで見えたそうです。

読経とソプラノ

まったく未知の世界に飛び込んで働きづめだった鶏郎さんは、実は若いときから糖尿病でした。遺伝的な体質に加え、戦争による飢餓状態を体験していました。だから、売れっ子になってからは物凄い食欲を発揮していました。四〇代の初めには症状が悪化。それで徹底的にこの病気と向き合うようになった。毎日、自分で尿検査をして日記をつけ始めたんです。さらに、糖尿病を楽しむのが一番と「糖尿友の会」を立ち上げ、機関紙までつくりました。それが全国組織になり、この病気で苦しむ人々の救いにもなった。その一方で、覚悟をしていたのか、

「この病気は先がないから、葬儀委員長は君がやってくれ。葬儀の方法も決めておきたい」

と、僕に何度も頼むんです。

「そんなっ。まだまだずっと先の話ですよ」

いつも僕は即座に否定していました。でも、鶏郎さんは話をやめません。キリスト教的な葬儀にしてお経はやめて欲しい。ソプラノの『アメイジング・グレイス』が流れる中、出棺したい。そんな希望を僕に託していたんです。

六〇代を前にして鶏郎さんは徐々に仕事を減らし一線を退きました。自分を「無冠の放浪者」と好んで呼び、まずサイパンへ、次はハワイに別荘をつくったんです。海外旅行が好きでヨーロッパにも何度か行っていましたが、暖かいサイパンやハワイが糖尿病には良いと考えていたようです。ゴルフやクルーザーを楽しむ悠々自適の暮らしぶりでした。ストレスがない生活をして八〇歳までお元気でした。

その訃報に接した僕は、生前の遺言を実行したいと思いました。ソプラノ歌手の中島啓《けい》江《こ》さんに、『アメイジング・グレイス』を歌ってもらうよう頼んだんです。でも、

「うちは仏教だから、そうはいきません」

と、鶏郎さんのご遺族から反対されてしまいました。葬儀は青山斎場。お坊さんが一〇人くらい並んでいました。それでも、僕は鶏郎さんとの約束をどうしても果たしたかった。

「お経が始まったら、一番後ろから勝手に歌いながら、祭壇の前に出てきて最初にお焼香

してよ。僕がその後に続いて、お焼香するからね」

啓江さんにそう頼みました。後はどうなるか分からないけど、やっちゃえ、やっちゃえ、そんな心境でした。鶏郎さんなら許してくれると思いました。読経が響く中、やおら啓江さんが『アメイジング・グレイス』を歌いながら、堂々と歩いて祭壇に向かいました。参列者の視線は何事かと啓江さんに集中。項垂《うなだ》れながら僕もその後を歩いたんです。彼女は力いっぱい、真剣に歌い続けた。読経とソプラノの声が張り合い響き合うので物凄《ものすご》い迫力でした。素晴らしいお葬式だったと、多くの人が喜んでくれた。学生時代から僕は、鶏郎さんに本当にお世話になってきたんです。最後の最後に少し恩返しができたと思いました。

因習や封建主義を嫌い、若者を信頼した鶏郎さんのような本物の大人と、若いときに出会えた僕は幸せ者です。

第三章　規格外れの先輩たち

三木のり平

「三木鶏郎よ。君にはいい先輩がたくさんいる。そして、良き友だちもまた」

詩人のサトウハチローさんが会場で詩を読み上げていました。『ユーモア劇場』の打ち切りが決まった解散パーティの席でした。鶏郎さんを応援する大勢の文化人や学者や評論家が集う会になりました。

鶏郎さんの周りには、その才能と人柄を慕う多くの支持者がいたんです。それだけでなく、才能豊かな異色の人物をグループに迎え入れ仕事をしていました。初期から参加していたのが三木のり平さんと丹下《たんげ》キヨ子さん。この二人の先輩とは僕も楽しく付き合わせてもらいました。

のり平さんの本名は田沼則子です。親が孔子や老子に倣って子をつけたそうで、「ただし」と読ませていました。ところが「のりこ」という女性だと勘違いされ、徴兵検査の通知がなかなか来なかった。当局が気づいた頃には、戦争が終わり兵隊に行かずにすんだという冗談みたいな名前。日本橋で生まれ、日本大学の芸術学科を卒業して新劇の舞台に立ったんです。

しばらくは芝居だけでは食べていけず、昼間はパン屋のアルバイトをしていました。その疲れが出て舞台の上でついウトウトとしてしまい、持っていた蠟燭《ろうそく》の火が自分の着物に燃え移ってしまった。その火を消そうと必死で手足や身体を動かすのを見て観客は大爆笑。シェークスピアの『真夏の夜の夢』の舞台は滅茶苦茶になってしまった。座長から、

「君は新劇には向かない。三木さんのところへ行け」

そう言われて、本人が売り込みに来たそうです。ちょうど鶏郎さんに日劇から出演依頼が来ていました。その舞台は『笑う東京』というバラエティ・ショー。いろいろな芸人が登場して歌ったり踊ったりするものでした。各自の持ち時間は一〇分。鶏郎さんを含め三人の楽団だったグループに、この新人を加え、なんとか舞台を乗り切りたいと考えました。ここで交渉は成立。するとこの新人は、

「芸名をつけてください」

と、鶏郎さんに頼んだ。本名の則子を「のりこ」とよく間違われると聞いた途端、

「君は喜劇俳優を目指しているんだろ。じゃあ、のり平というのはどうだろ？」

咄嗟《とっさ》に浮かんだ名前を鶏郎さんは口にして即決。さらに、のり平さんは三木さんの苗字も欲しいと頼み、ここで三木のり平という芸名が誕生しました。

『放浪記』の演出

その後の二人の会話が、お互いの性格を表していて面白いんです。

「名前ができたところで、盃《さかずき》と同時に、腕に入れ墨を入れませんか」

のり平さんは嬉《うれ》しそうに提案したといいます。

「僕は日本を戦争に引き入れた、あらゆる悪に挑戦することに使命感を感じているんだ。日本人の頭に巣食っている亡霊どもを追い出したい。だから、古いしきたり、門閥、襲名、入れ墨などみんな僕の敵なんだ。入れ墨は絶対しない」

鶏郎さんの言葉を黙って聞いていたのり平さんは、

「分かった。あんたは立派だ。だから、入れ墨を入れようよ」

ちょっと間を置いてそう言ったとか。渥美《あつみ》ちゃんと同じで、のり平さんの実家も空襲で焼かれちゃったんです。寝るところがないので、あるヤクザの組に身を寄せしばらく厄介になっていた。そのときの習慣が身についていたんでしょうね。そんな新人を受け入れる鶏郎さんは懐の深い人でした。

ただ、日劇の舞台に出たのり平さんはリズム感がなく歌は全然ダメだった。しかたなく鶏郎さんは、自分たちのバンドの周りを飛んだり跳ねたりしていろと伝えたんです。のり平さんはこのパントマイムを見事にこなし、鶏郎さんに珍芸の持ち主と感心されました。

その後、のり平さんはラジオ、舞台、映画に出て少しずつ売れていきました。きちんと評価されにくい役者でしたが、名優だったと僕は思っています。

特に舞台が凄《すご》かった。別役実さんが戯曲を書き、のり平さんが主演した舞台がありました。俳優座で上演され、僕も観に行ったんです。舞台に水の入ったバケツが一つ置いてあった。のり平さんが演じたのは、もう生きる気力がなくなり死んじゃおうと、バケツの周りをグルグル回りながら、そこに飛び込んで死のうとする役。観客は最初、バケツの中に飛び込めるわけがない、死ねるわけがないと思っている。ところが、時間が経つうちにその芸に引き込まれ、飛び込もうとするたびに、「あーっ」って悲鳴をあげていました。

凄い芸でしたね。無理だと分かっているのに、飛び込むだろうと思い込ませてしまう。

お客さんがドキドキ、ドキドキして固唾《かたず》を呑《の》んでいました。今、こういう芸ができる役者はほとんどいませんよね。

もう一つ、のり平さんが凄いのは演出家としての才能。森光子さん主演の『放浪記』という舞台の演出はのり平さんです。二〇一七回続いたこの舞台、最初は菊田一夫さんの脚本・演出でした。途中で菊田さんが亡くなり、のり平さんが受け継ぎ潤色して息の長い舞台になったんです。

人を困らせるのが大好き

のり平さんが多くの人から認知されたのは、森繁久彌《ひさや》さんの脇役として出演した映画といえます。森繁さんが主演して回を重ねた「社長シリーズ」や「駅前シリーズ」。のり平さんはこの映画の笑いに欠かせない存在でした。それから桃屋のコマーシャル。のり平さんをモデルにしたアニメーションで、四〇年近くお茶の間に親しまれ続けました。あの鼻眼鏡の剽軽《ひょうきん》な表情のアニメを覚えている人は多いはずです。

ところが、意外にも素顔は人を困らせるのが大好きでした。のり平さんが演劇関係の賞

を受賞してお祝いの会が開かれたんです。僕も出席しましたが、

「今日はなんの会？　なんでお前がここにいるの？」

いちいち皆に聞いて回っていました。

僕も若いとき、嫌がらせを受けた一人です。のり平さんは「ひつまぶし」が大好きでした。今でこそどこにでも売っていますが、五〇年前は名古屋だけ。それなのに、

「お前、出前に行って来い」

と言われました。東京から名古屋までわざわざ買いに行かされたんです。でも、不思議に憎めませんでした。

それに、台詞《せりふ》を覚えない役者としても有名でした。出演する大道具にはみんな台詞が書いてあり、のり平さんの動きを追って大道具も動いていた。のり平さんが俳優の西村晃《こう》さんと共演したときの話。二人で食事しながら台詞のやり取りをする場面がありました。

のり平さんは自分の茶碗や丼やお皿に全部、台詞を書いていた。西村さんはお櫃《ひつ》の蓋《ふた》の裏に書いていた。のり平さんが茶碗を取って台詞を言おうとすると、西村さんがその茶碗を取り上げてご飯を盛りつけちゃう。それで、のり平さんが台詞を言えなくなって観客が

ドッと笑い出す。もう約束事になっていたというか、観客もそのことを知っていて楽しんでいました。台詞を覚えない理由は、

「その役に成り切るため。共演者の台詞を聞くうち、自分の肉体を通して自然に言葉が出てくる。そういう演技を僕は先輩たちから教わったの」

と、本人は澄ました顔で言っていました。食べられなくても新劇を追われても、芝居だけは続けたいという情熱がのり平さんを支え続けたのでしょう。

スネ者の江戸っ子で、極度の恥ずかしがり屋でした。

丹下キヨ子

もう一人の先輩は、強烈な個性を持っていた歌手で女優の丹下キヨ子さん。彼女は人生で初めての経験を、僕に二度も味わわせてくれました。

その一つは、僕の名前が初めて新聞の活字になったこと。「スクリーン・ステージ」という新聞があって、丹下さんが、当時そのインタビュアだった漫画家のやなせたかしさんに、

「学生だけど永六輔という若い子が、面白いホンを書いているよ」
と言ってくれた。それが記事になったんです。生まれて初めてのことでした。今、考えてもおかしいくらい嬉しかったのを覚えています。新聞配達をしたことはあっても、名前が新聞に載るなんて思ってもいなかった。それまでも放送台本に自分の名前が載ることはありました。でも、あの頃の台本はすべて謄写版印刷でした。それだけに自分の名前が活字になったのは嬉しかったんです。

もう一つは、僕の声が初めてラジオから流れたこと。これも丹下さんのお陰でした。『日曜娯楽版』には丹下さんも出演していました。でも、丹下さんって喧嘩早《けんかつぱや》くて、なにが原因か分かりませんが鶏郎さんと衝突したんです。次の週、生放送なのに丹下さんはスタジオに来ませんでした。あの人の担当は「冗談スリラー」というコーナー。足音とか鎖の音とかの後に、「ギャアー」という叫び声があって、「冗談スリラー」という声がかぶさる。そして番組が始まるんです。その「ギャアー」がずっと丹下さんの持ち役。それなのに来ない。鶏郎さんが急遽《きゆうきよ》、

「代わりに君がやれ」

と、僕に言ったんです。この「ギャアー」がラジオから流れた最初の僕の声でした。

その後、丹下さんは清川虹子《にじこ》さんたちと一緒に、おばちゃんの集まりの劇団をつくりました。「いざこざ」という劇団。名前の通り、このおばちゃんたち普通ではありませんでした。海千山千の集団。それでも、僕はその舞台監督を引き受けました。一緒に寝泊まりする旅興行に行ったときはさらに大変。飲めや歌えの大騒ぎはあたり前でした。風呂に入るときは決まって、

「おい、背中を流せ」

と、丹下さんは僕を捕まえて強要するんです。僕は一応、舞台監督でしたが、心密《ひそ》かに二つの恩を感じていたので逆らえない。背中を流しました。あるときなんか、この劇団、女でも「立ちション」ができるかと議論が始まった。できる、できないと意見が対立。すぐに「立ちション大会」が風呂場で開催されたんです。僕は立会人としてそれを見届けろと命令され、しぶしぶとはいえ従いました。

四〇歳でブラジルに

丹下さんは東京の浅草生まれ。日劇ダンシングチームのメンバーでした。当時の昭和二、三〇年代はいわゆるレビューが盛んな時代で、宝塚、大阪松竹、東京松竹という三大少女歌劇団はじめ、日劇ダンシングチームなどが張り合っていました。日劇の丹下キヨ子さんは、宝塚の越路吹雪さんと並び称されていた。丹下さんは歌手としても『僕は特急の機関士で』とか『ブギウギ列車』などのヒット曲を持っていました。三二歳のときには、紅白歌合戦の紅組の司会者にも選ばれています。『素人ジャズのど自慢』という番組の司会もして、歌手のフランク永井さんや水原弘さんを育てたんです。

そんな人気者だったのに、四〇歳のとき突然ブラジルへ行ってしまいました。移民船の「あるぜんちな丸」に二人の娘さんと乗り込み、日本の裏側にあたるブラジルの新天地で暮らし始めた。喧嘩とドンチャン騒ぎが好きでしたから、狭い日本が窮屈になったのかもしれません。ブラジルのサンパウロで、日本風のレストランを始めていました。僕も呼ばれて遠路訪ねて行きました。店内の隅にステージがあって、丹下さんもそこで歌ったり、踊ったりしていた。店内には売店コーナーもあり、アクアマリンという水色の宝石などを売っていました。ブラジルはこの宝石の主要生産国の一つとされています。

「これ日本に買って帰ったら、高く売れるよ」

丹下さんに勧められ、逆らえませんでした。大事に持ち帰ったのに全然売れなかった。ブラジルへ移住してから六、七年後、丹下さんはまた日本に戻って来て、テレビや映画に出始めました。晩年は千葉の有料老人ホームに入居。僕は何度もそこに会いに行きました。出会ってから亡くなるまでずっとお付き合いが続いた。丹下さんは僕にとってそれほど大きな存在だったんです。

黛《まゆずみ》敏郎

僕が鶏郎グループに参加した頃、鶏郎さんは日本映画の音楽監督を数多く手掛けていました。僕もその助手として撮影所に出入りできたんです。それが縁で出会えたのが作曲家の黛敏郎さん。横浜で生まれ七歳から作曲を始めたという神童。東京音楽学校（現東京芸術大学）を卒業したクラシックの世界の人なのに、ジャズを弾いたり映画音楽を作曲したりと型破りでした。

黛さんは僕が出会って数年後、團伊玖磨《だんいくま》さん、芥川也寸志《やすし》さんと組み「三人の会」というグループをつくった。才能溢《あふ》れる新鋭として自作の曲のコンサートを開いたり、映画音楽の作曲をしたりと華々しい活躍をしていたんです。この会は九年ほど続きました。

少し大げさに言うと、当時、日本映画の音楽は、三人が代わる代わる担当するほど売れっ子でした。僕はその「検尺」をさせてもらっていたんです。音楽を入れる場面を見ながら、何コマあるか数えて時間をはじき出す仕事。例えば、

二人が抱き合って、別れ、ドアを開けて、閉める。

このシーンのコマ数を出して時間を計る。細かい作業なので、すぐにはできないんです。それを丁寧に教えてくれたのが黒澤明監督の記録係だった野上照代さん。お陰でマスターでき、「三人の会」から重宝がられました。三人の音楽家たちと仕事をしているうちに、人柄というか個性が分かって面白かったですね。

音楽を入れるダビングのとき、三人がオーケストラを前に指揮棒を振って音楽と画面を合わせるわけです。それが少しでもズレると、僕の数え方が間違っていたことになる。

團さんの場合は、指揮台に立ったまま僕を呼んで、

「今、ズレた。君が間違えたからだ。皆さんに謝りなさい」

と、謝罪を要求するんです。僕はオーケストラの面々に深く頭を下げていました。團さんはそういうところがハッキリしていました。

芥川さんの場合は、

「バカッ」

と、一言だけでした。

黛さんは怒りもしないし責めもしないんです。多少のズレは指揮棒一つでどうにでもなるからです。

リベラルな保守

そんな三人の人柄が分かるもう一つの話。食事のことです。團さんは、

「これで、なにか食べてきなさい」

と、お金の入った封筒をくれました。自分の好きなものを食べられるので嬉しかった。

芥川さんは、好きなものを自分だけ出前で取っていました。それで残ると、

「永君、食べていいよ」

と、くれるんです。当時はまだ食糧事情がよくない上、食べ盛りだった僕には有り難かった。

黛さんは奥さんも呼んで、スポーツカーに僕らを乗せて銀座へ繰り出すんです。奥さんは女優の桂木洋子さん。華やかな雰囲気の食事で、よくごちそうになりました。

でも、茶道や君が代や日の丸の話になることも多かった。黛さんは生粋の保守でしたから、僕は心地の悪い思いをしたこともありました。黛さんは憲法改正を推進する保守派、あるいは民族主義者とされています。でも、人間として嫌いにはなれませんでした。

こんな話もあります。後に世界的な作曲家となった武満《たけみつ》徹さんは、若い頃、貧しくてピアノが買えなかった。そこで屋敷街を歩きピアノの音が聞こえてくると、その家を訪ねて弾かせてくれと頼んでいた。その話を芥川さんから聞いた黛さんは、家にあるピアノを武満さんに匿名で贈りました。二人の思想信条は正反対。武満さんは革新、黛さんは保守。黛さんはピアノを匿名で贈ったことを公言しませんでした。武満さんだけでなく才能ある貧しい音楽家たちも支援していました。

黛さんが病気で倒れたのは平成九年（一九九七）、六八歳のとき。入院した川崎の病院に呼ばれました。

「君しかいないから、後を継いでくれ」

そう託されたのは、『題名のない音楽会』というテレビの音楽番組。その司会を僕にやって欲しいとのことでした。黛さんが三三年間も司会を続け、クラシックや現代音楽をお茶の間に広めた番組です。僕を病床に呼んでその後を頼まれた。あのときは嬉しかった。意見が合わないのに僕を信用してくれていると思い引き受けました。思想信条が違っても、相手をきちっと認める。黛さんはそんなリベラルな人でした。

三國連太郎

俳優の三國連太郎さんと僕が出会えたのは黛さんのお陰です。昭和二六年（一九五一）の三國さんのデビュー作『善魔』という作品に、恋人役で桂木洋子さんも出演したのが縁で、四人で食事することになりその席が初対面でした。前に書いた通り桂木さんは黛さんの奥さんです。

三國さんは二八歳、僕が一八歳の頃。歳は離れていましたがなぜか気が合って、それから下北沢でよくお茶を飲みました。三國さんが好きな小さな画材屋さんが、下北沢にあったんです。彼は絵が上手でした。その画材屋さんに出向いた帰り、僕と会って近くの喫茶店でいろいろな話をしました。出演が決まった映画についてとか、自分が監督したい映画の話とか……。

物静かな語り口でしたが、その人生は自由奔放、傍若無人といえます。電気工事の職人だった父親は口より先に手が出るタイプ。悪ガキだった三國さんはしょっちゅう殴られていたと聞きました。それをいつも庇《かば》ってくれたのがお母さん。夜、殴られるのが嫌で縁の下に隠れている三國さんに、内緒でそっと毛布やご飯を運んでくれた。息子の身代わりになって、父親から殴られることもありました。

三國さんは中学を中退して家出を繰り返し、放浪生活を始めた。二〇歳のとき、自分にも召集令状が来たのを知って、徴兵拒否の心を固めました。郷里の静岡から中国大陸への逃亡を企て実行したんです。途中で母親宛にわび状と自分の決意とを書いて送ったといいます。でも、その手紙を母親がお上に届け、憲兵が動いて三國さんは佐賀で捕まり、兵隊として中国に送られた。

「兵隊さんにならないと、村八分にされる。家族のためにお国に尽くしておくれ」

涙ながらにお母さんは三國さんに訴えたそうです。戦争は人と人が殺し合うだけでなく、親と子の情も引き裂くものなんですね。

復員後、三國さんは職業も住居も転々として、二七歳のとき上京します。銀座で映画会社のプロデューサーにスカウトされて映画界入り。以後、数々の映画に出演して日本を代表する名優になった。

一貫して反骨

その生き方に貫かれていたのは反骨といえます。映画界に入ってからも、この反骨精神は失いませんでした。そのため「五社協定違反者第一号」にもなったんです。当時、五つの映画会社が専属の監督や俳優の引き抜きを阻止するため、他社への出演を禁止した協定。

ところが三國さんは、

「好きな監督と一緒に、映画を撮りたい」

と、これを無視して他社の監督の映画に出演しちゃった。で、違反第一号になりました。

僕が喫茶店で三國さんと話した中で、一番驚いたのは『親鸞《しんらん》 白い道』という映画の話。原作の小説も三國さんが書き、この映画の監督も自分でやっていました。

三國さんは、兵隊に行った中国大陸で、多くの人々の死を間近に見て、生きて帰れたのは偶然だと感じていました。ある種の無常感と、命は大切にしなければいけない、というのが戦後の三國さんの原点だった。そんな彼を支え続けていたのが、親鸞によって書かれた『教行信証』でした。長い間、独学で親鸞や仏教の勉強を続け、昭和六二年（一九八七）、六五歳のとき『親鸞 白い道』の映画化に漕ぎ着けたんです。でも、この映画は難解なため観客の評判は悪かった。

「当然です。あの映画、終わりから逆に観ないと理解できませんよ」

三國さんはそう言って笑うんです。僕はビックリしました、そんな映画、聞いたことありませんよね。

最後に下北沢で三國さんと会ったときは、もう車いすでした。でも、映画への情熱はいっこうに衰えず、「竹取物語」の翁役をやりたいと熱っぽく語っていました。この翁は片田舎に住む竹細工職人。ある日、光る竹の中にいた女の子を連れ帰り大切に育てる。やがて、この子はこの世の人とは思えぬ美しさに成長して、「かぐや姫」と呼ばれるようになる。噂《うわさ》を聞いた五人の公達《きんだち》や帝《みかど》からも求愛されますよね。彼ら身分の高い求婚者たちに、職人の翁が次々に断りの返事をする。一介の職人が一人で権力者を敵にまわす。そういう役をやるのが夢だと言っていました。

「きっと、面白いものができます」

三國さんは目を輝かせて話してくれた。僕はうなずきながらこの人の反骨は、筋金入りだと感心しました。

第四章　中村八大の才能

有楽町の出会い

二〇代の頃の僕は、やる仕事、やる仕事が新鮮で心が浮き浮きしていました。三木鶏郎《とりろう》さんと一緒にあるいは一人で、ラジオ、テレビの構成、映画の「検尺」、作詞の手伝いなどを次々にこなす毎日でした。

鶏郎さんの作詞もたくさん手伝わされました。でも、どんどん直されて、違う歌詞になってしまう。だから、作詞は素人だと自分で思っていたんです。ところが、偶然の出会いが僕の人生に新しい世界を拓《ひら》いてくれました。作曲家の中村八大《はちだい》さんに有楽町の街角で出くわしたんです。八大さんが二八歳、僕が二六歳。昭和三四年（一九五九）の夏でした。

「君、作詞やってくれる？」

いきなり八大さんに声をかけられました。

「作詞？　自信ありません」

正直、僕は無理だと断りました。

「できるよ。大丈夫！」

八大さんは太鼓判を押してくれた。それまで、何度か放送局で見かけたことはあっても、言葉を交わしたことはありませんでした。僕にとって八大さんは憧《あこが》れの人だった。その演奏を最初に聴いたのは早稲田大学の大隈講堂。ピアノをソロで弾く壇上の姿を、後輩の一人として座席から観ていたのが僕です。『ワルソー・コンチェルト』というピアノ協奏曲の華麗なタッチに圧倒されました。そんな八大さんに声をかけられたんです。

その足で八大さんのアパートへ一緒に行った。品川にある洒落《しゃれ》た建物で、政治家にたとえると閣僚クラスが住むようなアパート。徹夜で一〇曲ほどつくりました。八大さんとのこの出会いによって、僕は作詞家の仲間入りができたんです。

昭和六年（一九三一）、八大さんは中国大陸の青島《チンタオ》で生まれた。当時の青島には日本人が三万人、日本人学校には二〇〇〇人の児童が学んでいた。八大さんのお父さんは日本人学校の校長先生。音楽を楽しむ家族に恵まれ、ピアノや手動式の蓄音機もありました。三、四歳の頃から、部屋に鍵をかけ、レコードを鳴らして踊り狂っていたと、後にお母さんに聞かされたそうです。さらに七歳にして家族を驚かせた。ラジオから流れた曲を聴き、その力強さと甘美さに心を鷲掴《わしづか》みにされた彼は、すぐレコード店に走った。買って来たのは、なんとドボルザークの『新世界より』でした。いわゆる絶対音感があったんでしょうね。

その才能を見抜いたお父さんはクラシックを学ばせるため、八大さんを東京の親戚に預けることにしたんです。一〇歳の少年は青島から下関行の船に一人で乗って、玄界灘《げんかいなだ》を渡った。頼りは背負ったランドセルに父親が書いた行き先の住所だけ。父も息子もそれぞれ凄《すご》い決断力の持ち主だと思いませんか。

しかも、この少年、やはりただ者ではなかった。

昭和一六年（一九四一）のこの年、小学校は国民学校になり、ドレミの音階は敵性語だとして「イロハ」に変えられました。青島でクラシックをドレミで習っていた八大さんは戸惑いを覚えます。早稲田国民学校に編入する傍ら、八大さんは東京音楽学校（現東京芸術大学）の付属・上野児童音楽学園のレッスンも受けていました。

そこへ通ううち、本科生たちが死にもの狂いで堅苦しいレッスンをしていたり、著名なピアノの先生が生徒を叱責《しっせき》する声を聞いたりして、クラシックに嫌気がさした。正確にできるだけ速くピアノを弾く練習は、反射や運動神経の競技のようで心躍る音楽の美しさは感じられなかった。そんなとき、たまたま親戚の人に連れて行ってもらった宝塚歌劇や、エノケンとかロッパ一座による一種のミュージカルに心を奪われてしまうんです。そして、オーケストラボックスから流れる新しい歌曲にうっとりした。そのうち、音楽学園をさぼり上野や新宿の劇場をめぐり歩くようになります。

ヘルス先生

八大さんは東京での二年間の音楽生活を終え、クラシックに失望しながら親元の青島に戻りました。ところが、わざわざ東京に行くまでもなく、青島に幸運な音楽の師との出会いが待っていた。ユダヤ系ドイツ人のダ・カール・ヘルス先生。ウィーンの音楽院でクラシックを学んだ正統派の大家でした。ナチスの迫害から逃れ青島で音楽を教え始めていました。当時、日本とドイツは同盟を結んでいたため、亡命者のヘルス先生はいわば敵対する人物。それなのにお父さんは、

「人に迷惑かけなきゃいい。立派な人ならいいんだ」

と、八大さんに言ったんです。その言葉の意味は何人《なんぴと》でも、人間的にいい人なら教えを受けなさいという意味だと、大人になってから八大さんは気づいたといいます。戦時下に

こういうことを息子に伝えられる父親はやはり立派です。

ヘルス先生によって、八大少年は再びクラシック音楽に惹《ひ》かれていきました。

「先生のピアノのレッスンには、常に音楽の匂いが流れていたんだよ」

そう言っていた。音楽の匂いという表現が凄いでしょ。瑞々《みずみず》しい少年の感性を刺激するレッスンだったんでしょうね。バッハやハイドンやモーツァルトの美しさ楽しさはもとより、嫌いだったベートーヴェンから厳格な中にも深い感情を感じとれるようになった。いかに音楽的な才能に恵まれているとはいえ一二歳の子どもに、こんな風にクラシックの良さを教えたこの先生も優れた教育者です。

その上、ヘルス先生は、八大さんに音楽家として生きようと幼心に決意させています。

「演奏が始まった。その曲はベートーヴェンでもショパンでもなかった。何と『荒城の月』と『さくらさくら』の二曲だった。ところがこの二曲の演奏スタイルが原曲のままではない。『荒城の月』も『さくらさくら』も大変奏曲なのである。原曲の美しい情感をいささかも傷つけることなく、しかもショパン風と言おうか、モーツァルト風と言おうか、大変に壮麗な音楽が滔滔《とうとう》と流れ出てきた。すべての聴衆は心から感動し、音楽の美を心ゆくまで味わった。いま考えると、あのときの演奏の大半は即興演奏であったと思われる。いまでこそ即興演奏の重要性が云々《うんぬん》されているが、当時のクラシックの大家があれだけの即興演奏をなさったということ、この出来事を目前にして我々の感動は異常に大きかった。私は、生涯に何度も流さない涙をとめどもなく流し、このときに初めて、生涯をかけて大音楽家になろう、と心に誓ったことを覚えている」

そう八大さんは遺稿集（『ぼく達はこの星で出会った』）で書いている。少し引用が長くなったのは、この決意こそ八大さんの音楽に対する原点と言えるからです。ジャンルや形式にとらわれず、心の琴線に触れる音楽とはなにかを追求し続けた。それが八大さんでした。

ヘルス先生は所蔵していたクラシックの楽譜を八大少年に貸してくれました。それを宝物のように大事に抱えて帰り、自宅のピアノに向かって繰り返し練習した。練習が楽しくてしかたがないというクラシック三昧《ざんまい》の生活を送ることができたんです。

キャバレーで演奏

でも、尊敬するヘルス先生との別れは突然、訪れました。

八大さんが一三歳のとき、一家は東京へ移転したんです。敗戦の一年前のことです。東京は空襲が続いていたため、父方の故郷だった九州の久留米に家族ともどもまた移転。町外れの藁葺《わらぶき》屋根の農家でした。青島から持ち帰ったグランドピアノが座敷の真中に置かれていましたが、戦時中は洋楽をやっているだけで白い目で見られた。だから、大っぴらに弾くこともできませんでした。ヘルス先生との別れだけでなく、ピアノを弾くことさえ許されない辛《つら》い日々でした。

戦争が終わったのは八大さんが一四歳のとき。筑後川の土手に座り、思いました。

「戦争が終わった。ピアノが弾ける。新しい時代が来る。新しい音楽の時代が来る。音楽こそ僕の命だ」

気持ちは明るくなっても、食糧難は田舎にもあり生活は厳しかった。特に、電力は不足して毎日、二時間くらいの停電はあたり前。八大さんはこの停電の時間を、かけがえのない音楽修業の場に変えてしまいます。真っ暗闇《くらやみ》の中、自由自在にピアノを弾き続けたんです。この暗闇のレッスンが、楽譜を見ないで目を閉じたまま演奏する癖になりました。後に即興音楽を得意としたのもこのときの経験が生かされたからです。

当時、八大さんは久留米の明善高校に通っていました。音楽家になるため東京へ行こうと思いますが、選んだ大学は芸大ではなく早稲田でした。

「音楽の技術は、もう十分に頭と指先に叩《たた》き込まれていたから、芸大へ行ったってなんにもならないと思った。第一、芸大に行けば、技術の大家にはなるけど、一般教養に欠けてしまう。だったら芸大に行くよりは、音楽以外の、それも音楽とは縁のない大学へ行くべきだなと考えてね。それで、早稲田かなと思った」

八大さんからそう聞いたことがあります。早稲田も変な理由で選ばれたものだと笑いました。

学制切り替えと同時に、八大さんは明善高校から早稲田高等学院に編入。東京での学費と生活費を稼ぐために夜、キャバレーや演奏会でピアノを弾き始めました。まだ高校生ということもあり、天才少年としてその世界で有名になったんです。

高校生の八大さんがなぜアルバイトを始めたのか。それは日本に戻ってから、八大さんのお父さんが教育者を辞め無職になったからです。八大さんはなに一つその理由を話しませんでしたが、自分の戦争責任について悩んだ上でのことではなかったか。そんな風に僕は感じました。

ヒロポン中毒

念願通り一九歳のとき八大さんは早稲田大学に入学します。その評判を聞きつけた先輩に誘われ「シックス・ジョーズ」というバンドを結成。昼は学校、夜はキャバレーという生活が続きました。さらに二年後、「ビッグ・フォー」というバンドをつくった。ピアノ・中村八大、ドラムス・ジョージ川口、テナーサックス・松本英彦、ベース・小野満、という四人組。めちゃくちゃという表現がぴったりの爆発的な人気でした。その演奏を聴くため、僕は追っかけをしていたくらいです。

戦時中は禁止されていたジャズや軽音楽が、どっと入って大ブームが起きた。それがちょうど八大さんの学生時代に重なったんです。

「その流れの中に溺《おぼ》れたり、流されたりしながら、こういう時代の音楽から出発していって、最後に自分の音楽を摑《つか》めばいいじゃないか」

そう思いながら八大さんは二〇代を過ごしました。

「そのうち初心に背き、音楽の勉強なんか忘れて浮かれていた」

あの当時、大学卒の初任給が六〇〇〇円くらい。そのとき、「ビッグ・フォー」は一人が一日で一万円も稼いでいたんです。一万円札はおろか千円札もない時代。百円札を数えるのが面倒だからと、高さで四等分していた。アルバイトのつもりだったピアニスト生活がすっかり本業になってしまったわけ。超売れっ子の忙しさでした。日本中を駆け巡り、暮れと正月には大劇場の公演。楽しく浮かれた生活でした。

そんな日々を過ごすうち、八大さんの胸に少しずつ不安や焦り、そして疑問が生じ始めます。バンドはドラムやシンバルをじゃかじゃか鳴らして、お客に大いに受けている。モダン・ジャズをつくり上げている、と騒がれてもそれが本当にモダン・ジャズの神髄なのか。ジャズにはアイディアが必要だ。それなのに自分はどうしてこう貧困なのだろう。俺はもっと立派なプレイヤーなのに……。そうした葛藤の中で、進駐軍のキャンプを回っていたとき、入手ルートを持っているプレイヤーに勧められ、ほんの好奇心からヒロポンに手を出してしまった。

八大さんの名誉のために言っておくと、当時の日本にはヒロポンが覚せい剤という認識はほとんどなかったんです。戦争中は、戦意高揚のため軍部が兵士たちに配給していた。終戦により大量の在庫が市中に出回り、薬局で強壮剤として売られていました。それから六年後の昭和二六年（一九五一）、やっと「覚せい剤取締法」ができて禁止されたんです。その間、不規則な生活が多い物書きや芸人やミュージシャンにも流行《はや》ってしまった。

「おいらは、運が良かっただけだよ」

と、ビートたけしも言っています。たけしのすぐ上の世代の芸人たちはヒロポン中毒の人もいて、まだ楽屋にアンプルが転がっているような時代だったんです。

八大さんは素晴らしい演奏をしたい、という気持ちに付け込まれヒロポンに手を出してしまった。

「俺は音楽の生贄《いけにえ》だ。音楽の使徒となって、美神に仕えている。そういうとんでもない誇大妄想になっちゃうんだよ」

それがすぐに地獄の苦しみに変わってしまった。

「体力がまいってしまう。飯が食えない。飲み物も飲めなくなる。痩《や》せるだけ痩せて、いい音楽ができる状態ではなくなる。他のことは何も考えられず、ただただ麻薬が切れたときの苦しみ、それからいかに逃れるか、という反復に陥ってしまう。麻薬が切れたときの恐怖があるうちはやめられない」

そんな心境だったようです。

「麻薬はやめられる」

それでも八大さんは、ヒロポンを自分で断ち切りました。しかも、その体験談を「音楽の友」という雑誌に発表した。弱い自分、汚れた自分を人はとかく隠したがりますよね。ましてて名声があればあるほど、そこには触れさせない。でも、八大さんは「麻薬はやめられる」というタイトルで公表した。売れっ子盛りの三一歳のときでした。

中毒になって作曲ができない状態が続き、自殺まで考えたと綴《つづ》っています。依頼された曲が書けずに放送局へ行ったとき、八階の窓から飛び降りれば死ねるとふっと思った。すると不思議なことに自分がつくった曲が、スタジオの厚い扉から漏れ聞こえてきた。そうだ。自分には音楽がある。我に返って八大さんはヒロポンを絶とうと決心したんです。

すぐに八大さんは外部とのいっさいの連絡を絶ち、二週間以上、自分のアパートに立て籠《こ》もりました。信頼できるマネージャーと友人に、外に出ないよう玄関とベランダに見張り役を頼んだ。そして、お風呂に入った。お風呂に入って、お風呂に入ってグタグタになっても、さらにお風呂に入った。一日、三、四〇回以上です。

こうして禁断症状に耐え続けたんです。眠るに眠れず、起きるに起きられず、食べるに食べられず、二、三日は仮死状態が続いた。壮絶な自分との闘いだったに違いありません。

そんな闘いを二週間くらい続け、八大さんは身体からヒロポンが抜けているのを実感します。爽快《そうかい》感が全身に満ち、頭の中が音楽でいっぱいになった。でも、その後にさらなる苦難が待っていた。目の前にヒロポンを出され、どうぞと勧められたときでした。それを断るため歯を食いしばって我慢する。きっぱり断れるまで半年以上かかったそうです。

八大さんの説によると、麻薬は本人が自分の意志でやめようと決心しない限り絶対にやめるのは無理。治すために病院などに隔離しても、今度シャバに出たときはどうやって麻薬を手に入れるか、そのことしか考えなくなる。だから、本人の決断と意志がまずなにより大事。麻薬をやるといい音楽ができる。その人の技量がより良くなる。イメージがもっと豊かになる。それらはすべて幻想に過ぎず間違いだと断言していました。

音楽への悩みからヒロポンに手を出した八大さんは、自殺まで考えたとき、やはり音楽によって救われたんです。

「覚せい剤取締法」が成立してすでに六〇年以上が経ちます。撲滅されるどころか、一般市民の間にも広がりを見せているという報道もあります。最近も大物のミュージシャンや元プロ野球選手が逮捕されました。八大さんが自分の体験を公表したのは、自分と同じ地獄を味わって欲しくないと思ったからでしょう。麻薬の恐ろしさ、禁断症状の苦しさ。さらに、それを断ち切るためには、なによりも本人の決断と意志が必要だと伝えたかったに違いありません。

『上を向いて歩こう』

人の出会いというのは、後から考えると不思議です。八大さんはヒロポンを絶ち切り、清々《すがすが》しい気分で仕事を頼みにある先輩を訪ねました。すでにジャズ・ブームは去ってしまい、なんでもいいから仕事を探さなければいけない現実に直面していました。すると、映画音楽にロカビリーを一〇曲入れるオーディションがあるから、それを書いてみないかと言われた。その帰り道、日劇の前で僕に会ったんです。この劇場で開催されていたウエスタン・カーニバルを僕は観に行っていました。本当に偶然の出会いでした。

前にも書いたように、僕はその足で八大さんのアパートに行き、夜の八時から翌朝の六時まで作業をしました。八大さんはどんどん作曲する。僕は僕で勝手に詩を書く。互いに好き勝手につくったものを、並べて曲と詞を合わせていきました。一〇曲つくった中に水原弘の『黒い花びら』(第一回日本レコード大賞)があり、八大さんに言わせると初打席でヒットになってしまった。僕はこの頃、「冗談工房」の社長を辞めてフリーでした。

翌年の昭和三五年(一九六〇)、僕はよくデモに行きました。いわゆる六〇年安保。日米安全保障条約を改定するため、岸信介首相が国会で強行採決した。それに反対した学生や労働者などがデモを繰り広げました。僕もこのデモに連日のように参加して、企画会議をさぼってしまった。そのときの番組名が民放の『光子の窓』という音楽バラエティ。担当のディレクターから、

「仕事とデモと、どっちが大切なのか」

と、聞かれて迷わず、

「デモです」

そう答えた。それで番組を降りることになったんです。

このデモの集会で、クレージーキャッツが『赤とんぼ』を静かに歌ったシーンは忘れられません。さらに、樺美智子《かんば》さんが国会前で機動隊とデモの学生たちの衝突に巻き込まれて圧死。ますますデモの参加者は膨れ上がりました。

それでも安保条約は六月に自然成立。岸内閣は総辞職したものの、世の中が変わると思っていただけにその挫折《ざせつ》感は深いものがありました。一〇月には浅沼稲次郎さんが刺殺されました。鎮魂の祈りと挫折の苦さ、それでも生き続けるという気持ちで『上を向いて歩こう』という詞をつくったんです。


『夢であいましょう』

『黒い花びら』のヒットによって、八大さんと僕にも曲の依頼が相次ぐようになってきました。こうした僕らをテレビに誘い込んだのが、NHKの末盛憲彦《すえもりのりひこ》プロデューサー。彼によって、昭和三六年(一九六一)の四月から、『夢であいましょう』というバラエティ番組が始まりました。八大さんが作曲、僕が構成を担当した。さらに、毎月一回、新曲を紹介する機会も与えられたんです。

同じ年の七月、「第三回・中村八大リサイタル」が開かれました。ここで初めて『上を向いて歩こう』が坂本九によって歌われたんです。八大さんはヒロポンを絶ち切ったことで、音楽の形にとらわれなくなった。クラシックを習っていた人間がジャズを始めると、クラシックに対してコンプレックスを抱いてしまう。逆に歌謡曲には優越感を覚える。ところが、八大さんは自分がいったいどんな音楽をやりたいのか分からなくなっていた。だから、ヒロポンをやめると同時に、音楽のジャンルでの優越感も劣等感もやめることにしたといいます。そして、二つのことを守ろうと決めました。

一つは素直なメロディが浮かんだら、素直に出していく。ちなみに八大さんは楽器を使わずに作曲します。頭に浮かんだメロディをそのまま楽譜に書いて行くんです。もう一つは、丁寧な音楽をつくる。たとえ一夜にしてできた曲でも、その中に自分が生きて来たさまざまな感情の蓄積がある音楽。例えば、『黒い花びら』は中学二年のときの失恋から、以来、ずっと一〇人くらいにフラれた八大さんの体験が込められていた。

『上を向いて歩こう』も、八大さんがこの二つを守って作曲したものです。新鮮なメロディでした。当時、ある音楽評論家は、こう称讃しました。

「今までの日本の歌に『作曲』は無かった。すべて『節づけ』といってよい。歌謡曲の世界に作曲家が登場した。中村八大がそうだ」

それに、八大さんは歌手を弟子にしませんでした。だから逆に、自由に歌手を選ぶことができたんです。自分のリサイタルには各分野の歌手を呼んでいました。「第三回・中村八大リサイタル」の顔ぶれは画期的でした。ジャズが江利チエミ、シャンソンが石井好子、クラシックが栗林義信、そして、ロカビリー出身の坂本九。九はウエスタン・カーニバルのスターとはいえ、どうしても新人の少年という感じでした。

テレビから生まれたヒット曲

僕はこのリサイタルの舞台監督をしていました。まだ九の『上を向いて歩こう』を聴いていなかった。当日の舞台の袖で、

「初めまして、坂本九と申します。『上を向いて歩こう』を歌わせていただきます」

九はおずおずした態度で僕に挨拶《あいさつ》した。そして、舞台に出て行ったんです。

「ウヘッフォムフフィテ　アハルコフホフホフホフ」

なんだこの歌は?

「ナハミヒダハガハ　コッボッレッヘェナハイヨフホフホフニ」

九がふざけているとしか僕には思えなかった。舞台の袖から見ていると、九の姿勢は直立不動。しかも足がガタガタと震えていました。舞台から退場すると楽屋に駆け込んで行きました。その廊下にハナ肇《はじめ》と水谷良重《よしえ》がいて、

「いい歌だな」

「こういうのヒットするのよね」

と、僕に声をかけてくれました。でも、八大さんも九も僕も、この曲がヒットするなんて思っていなかった。『夢であいましょう』で、この曲を紹介しようと決めたときも僕の中には不安があったんです。それが、上り坂だった九の人気とあいまって、大ヒットになりました。それまでラジオが生んだヒット曲は多かったんですが、テレビがレコードと結びつくという形がこの曲から始まったんです。

『上を向いて歩こう』は、『SUKIYAKI』というタイトルとなりアメリカにも紹介されました。全米チャートのビルボードで三週続けて一位。九は一〇〇万枚を売り上げたゴールデンレコード賞の歌手になった。それだけでなく、世界の七〇か国でリリースされ好評を得た。その理由はなにか。忌野清志郎《いまわのきよしろう》が自分のステージで歌い続け、ボブ・ディランも歌っていたのはなぜか。

それらの事実と時代考証を丹念に積み上げ、『上を向いて歩こう』という歌だけで一冊の本を書いた人がいます。音楽プロデューサーの佐藤剛さんです。興味がある人はこの『上を向いて歩こう』という本を読んでみてください。

六・八・九トリオ

この歌がきっかけで、いつからか僕らは「六・八・九トリオ」と呼ばれるようになりました。僕は寺の息子。八大さんは校長の息子。九は廓《くるわ》育ち。寺も学校も廓も子どもの目から見たら、芸能と共通する嘘《うそ》があると僕は感じます。死者を弔うのも、子どもを教えるのも、女を買うのも、どこかで演じる必要があります。

そして、そこに夢を演出します。

安らかに成仏したいという夢。

未来はバラ色に輝いているという夢。

愛し合っているという夢。

「六・八・九」、三人ともそういう世界を見て育ってきたんです。ちょっとこじつけかなとも思いますが、こうすることで、僕らは同じスタート・ラインに並ぶことができた。そんな感慨を僕は持っていましたね。

このトリオ、八大さんには最初から長兄の風格があった。常に自分の世界を崩さず、人と争うこともしない。次男の僕は「ロクスケ」をもじり「ゴネスケ」と放送界では言われていた。末っ子の九は甘え上手で多くの人に愛されていました。

この歌に関する余談を一つ。僕は七〇代の後半からパーキンソン病になって、リハビリを続けています。病院で歩行訓練をしているとき、海外出身の介護士の人が、

「日本には歩くとき、いい歌があるでしょ。『上を向いて歩こう』。歌いながら、歩きましょうね」

と言ったんです。つい僕は、

「そんな歌、知らない」

そう答えてしまった。その話を担当医に話したら、

「嘘は、いけませんね」

と、笑われました。それで、次にその介護士に会ったとき、

「実は……あの歌詞、僕がつくったんだよ」

そう名乗り出たんです。

「またまた、嘘言って」

介護士は大笑いして相手にしてくれませんでした。

八大さんは心からみんなで歌える歌がつくりたいと、よく言っていました。『上を向いて歩こう』は、そういう意味でも世界中の人々に口ずさんでもらえる、スタンダード・ナンバーといえます。

天才ゆえの苦悩

八大さんは決断力のある人でした。昭和三九年（一九六四）の夏、家族を連れてアメリカに行ってしまいました。三三歳の日本で最も忙しい作曲家は、過労で胃を悪くしてしまったんです。次々に作曲の依頼がきて追われるように仕事を続けた結果でした。生まれて初めて日々の生活に息切れを覚えたといいます。それでニューヨーク暮らしをすることにしたんです。

一年間という長期休暇。本人も長いと思いつつ、がむしゃらに働いてきたのだから許してもらえるだろうと決断しちゃう。自由人でしたね。変に見栄を張らないし、常に自然体だった。人にお世辞も言わなければ、衒《てら》いもしない魅力がありました。

反面、それは怖いということ。ホントのことしか言わない。ある意味では野生というか、生まれたまんまという部分を、ちゃんと持っていた人。音楽家として天才といわれた、小さいときからの自信だと僕は思います。いくら売れっ子とはいえ一年間もニューヨークへ行ったら、帰ってきたとき仕事があるか、そう悩んで普通なら躊躇《ちゅうちょ》するでしょ。でも、八大さんは違った。

八大さんが東京にいないなら、僕は大阪に行こうと決めました。少し前から日本の古典芸能に取りつかれ始めたからです。共に古典芸能に詳しい武智《たけち》鉄二さんや安藤鶴夫さんの影響を受けました。上方《かみがた》を知らないで、古典芸能を語るわけにはいかないと自転車に乗って大阪に向かった。そして、とりあえず大阪のアパートで一人暮らしを始め、その後、神戸にしばらく住んだんです。

八大さんはニューヨークで、コンサートやミュージカル三昧の生活を続けました。奥さんの順子さんが現地で出産。三人家族が四人家族となって帰国。一年間のブランクなど微《み》塵《じん》も感じさせないほどまた仕事の依頼が続きました。

ところが、四〇歳を過ぎた頃から、八大さんは創作のエネルギーが衰え始めたと自覚しちゃうんです。才能があるだけに自分の作曲に有頂天になれない。

「いくら惰性的に、あるいは理論的にメロディ・ラインを創作していっても、それは生き物の感情を伴わない。ただの音の羅列。そんなメロディが他人の感情を揺さぶることができるのか」

八大さんは自問自答してしまう。それで、アルコールをガブガブ飲んで、躁鬱《そううつ》が激しくなり、さらに糖尿病にもなりました。なんでも徹底的にやって動じない人でした。ウィスキーを飲んで、なくなったらブランディ、それもなくなったら料理用の二級酒を飲むという生活。それでも八大さんは内臓が強くて、肝硬変にはならなかったんです。

「糖が出ていますよ」

と、一年に一回の定期検診で言われても呑気《のんき》。多少、仕事を減らしたものの一か月かけて地球を一回りする旅に、一人で出かけてしまったんです。誰とも話さないので、ひどい鬱状態になって帰国。都会にいると人間ダメになるから、田舎に引っ越そうと家族に言い出したり、仕事も全部辞めちゃったりしたんです。

それから半年後、少し落ち着いて糖尿病のせいかもしれないと、糖尿病の教育入院をしたんです。ところが、本人としては自覚症状がない。退院後、知り合いの医師が多かったため、楽な治療、楽な治療を求めて半年くらいあちこちに通院していました。そして、糖尿病はそんなに心配する病気ではない、と本人が結論づけいっさいの治療をやめてしまった。

「早死にしてもいいから飲みたい」

　でも、お酒は飲み続けていました。だから、体重がどんどん減って、奥様の順子さんが凄く心配していました。偉い奥さんできちっとカロリー計算をして、食事に気を配っていたんです。でも、八大さんは外に出ると好きなものを食べ、お酒も飲んでいた。

「お願いします。飲ませないでください」

と、順子さんに僕は頼まれていました。その板挟みで疲れるほど悩んだ。断固としてやめろというのが真の友情か。ホントにお酒が好きなんだから飲ませてあげたい。そんな葛藤が続きましたね。僕が止めても、

「もう十分いろんな経験をしたよ。早死にしてもいいから、飲みたいんだよ」

　そう八大さんは言うんです。

　そんな生活を七、八年続けて、五八キロあった体重が三五キロくらいになってしまった。夜中にコップの水を二、三杯グッと飲む。それを五、六回ほど繰り返し、トイレにもたびたび行く。そんな糖尿病の典型的な症状になった。家族や僕らが心配して、熊本の天草の

病院に入院してもらいました。それなのに隠れて地焼酎を飲んでいた。

さらに症状が悪化して、東京の病院に転院。そこで、衝撃的な光景に出くわしたんです。重症の糖尿病の患者が、自分の手を目の前にかざして必死で見ようとしていた。進行するとこの病気は目が見えなくなる。それは嫌だと八大さんはお酒をきっぱりやめた。

また決断力を発揮したんです。五〇歳の頃でした。食事のコントロールにも慣れ、健康を取り戻した。そしたら、朝、起きるのが嬉《うれ》しくて、一日終わるのが素晴らしいという心境になれた。躁も鬱も消えてしまった。健康というのは生きている人すべての一番大切な財産だと思ったそうです。

八大さんは長い間の浴びるようなお酒のせいで、六〇歳のとき肝腫瘍《しゅよう》が見つかりました。でも手術をして切り取ってまた元気になったんです。その年、平成三年（一九九一）一一月に『僕たちはこの星で出会った』という楽曲で第一回「古関裕而《こせきゆうじ》記念音楽祭」の金賞を受賞。とても喜んでいた。翌年の一月に、渋谷のシアターコクーンで『夢であいましょう』の再現コンサートをしました。気力が溢《あふ》れていてミュージカルもやりたいと言っていた。

それなのに、急に入院して、半年も経たないうちに亡くなってしまったんです。その日、たまたま僕は桑名から東京へ戻っていた。この頃、全国を飛び回って仕事をしていたので、滅多に東京にはいない状態でした。急いで病院へ駆けつけ、黒柳徹子さんと一緒に最期《さいご》に立ち会うことができました。告別式の日も、唯一、東京にいられた日だった。大事な日に僕がちゃんと東京にいられるように、八大さんは死んだのではないか。火葬場までちゃんと付き合えよって。後から、こじつけにしろそう感じることができました。本当に最後の最後までうまく付き合えたと僕は思っています。

いずみたく

「この曲、どこかで聴いたことあるかな?」

新しい曲ができるたびに、二人の作曲家から同じ質問を受けました。八大さんといずみたくさん。もし僕が、「聴いたことある」と答えればボツになってしまう。作曲というのは「ドレミファソラシド」しかない。どう並び替えて♯や♭をつけようと。

どこかに同じものがなかったかなと考えると、そりゃノイローゼになります。それが原因で二人とも凄く酒を飲んで命を縮めた。作曲家というのは本当に大変な仕事で、僕はならないで良かったと心から思ったものです。それにほとんどの作曲家は二〇代から四〇代までに名曲をつくっている。歳を取ってからの名曲は稀有《けう》です。それはこの二人にも共通していた。辛かったでしょうね。

たくちゃんとの出会いは、僕が鶏郎さんのところでアルバイトをしていたとき。昭和二六年（一九五一）、ラジオ東京（現・TBS）のドラマ『チャッカリ夫人とウッカリ夫人』という番組で、僕は先輩作家たちにまじって生意気な仕事をしていた。この番組の音楽担当の一人がたくちゃん。いわばアルバイト仲間だったので気楽に話せました。そのうちタイトルが『ウッカリ夫人とチャッカリ夫人』に変わりましたが、一三年近く続いた当時の長寿番組。

たくちゃんはアコーディオンを弾いて、ロシア民謡を歌ったり「歌声運動」をしたりしていました。坂本九の代表作の一つ『見上げてごらん夜の星を』は彼が作曲したんです。「歌はドラマだ」という信念があり、ミュージカルの制作とその俳優の育成に情熱を傾けていました。劇団までつくり『見上げてごらん夜の星を』だけでなく、『おれたちは天使じゃない』とか『歌麿』とか、たくさんのミュージカル作品を手がけたんです。鶏郎さんの「冗談工房」でたくちゃんは野坂昭如《あきゆき》さんとも出会った。

二人は親しくなり、鶏郎さんの見よう見まねでＣＭソングをつくるようになりました。二人とも彼の門下生だったので、ある意味、裏切りと言えます。でも、鶏郎さんは咎《とが》めたりしなかった。鶏郎さんは若手を囲い込んだり、帰属意識を強要したりしませんでした。最近の芸能事務所からの独立騒ぎを聞くにつけ、僕らの若い時代のほうがずっと自由だったと思います。鶏郎さんは僕がフリーになったときも、いっさい仕事の邪魔などしなかった。八大さんも僕がたくちゃんと組んでも嫌な顔をしなかった。

作詞家を廃業

八大さんとたくちゃんは作曲の仕方が逆でした。八大さんはまずメロディが頭の中に浮かぶ。それから、譜面と歌詞を自由に組み合わせてつくる。たくちゃんは歌詞が先行で、歌詞がないと作曲できない。曲のつくり方が違っていたから、僕は一緒に仕事をさせてもらえたと思っています。それなのに、

「もう、作詞はやめます」

と、二人に切り出してしまいました。フォークの人たちと付き合い始めて、歌は自分でつくって、自分で書いて、自分で歌うものだ、と思ったからです。二人の返事は、

「はい、分かりました」

あれはいまだに傷ついています。引き止められるとどこかで思っていた。でも、僕の作詞なんてその程度なんですね。

八大さんは天才、たくちゃんは努力の人でした。当時のクラシック界を代表する黛《まゆずみ》敏郎、芥川也寸志《やすし》、團伊玖磨《だんいくま》の三人に呼ばれ、

「八大さんがクラシック界から離れ、ジャズピアノを弾いているのは哀しい。クラシックの作曲をやってくれと、君から頼んで欲しい」

と、言われたこともありました。

「私は中村八大さんを、作曲家であるよりも、ピアニスト、それも驚嘆すべきピアニストだと思う。こんなピアニストはもう二度と出てこない」

黛さんは『題名のない音楽会』でそう明言していました。確かに、八大さんのピアノは見事でした。作曲のスタイルが違う二人の作曲家と付き合えて、本当に僕は幸せでした。

第五章　昭和の歌い手

坂本九

中村八大さんやいずみたくさんと仕事ができたため、僕はたくさんの歌手の人にも出会えました。その一人が坂本九でした。

しかし、昭和六〇年（一九八五）の「日本航空123便墜落事故」で亡くなりました。衝撃でした。羽田から飛び立ったこの飛行機は、群馬県の御巣鷹山《おすたかやま》の尾根に激突。五二〇人もの命が奪われました。九は、まだ四三歳でした。あの日、僕は自宅にいて事故を知り、夜中、九の家に駆けつけた。悔しかった。これからだと思っていたからです。

この飛行機に乗る五日前、九は「ジァン・ジァン」で行われた八大さんと僕のレコードの発売コンサートにやって来ました。珍しくたった一人でした。自分でチケットを買って、立ち見の客の一人になっていました。そんな九を見つけた僕の、他人には説明できない嬉《うれ》しさを、九も素直に受け止めてくれました。

「『六・八・九トリオ』で、また歌いたいです」

九はそう言って、八大さんと肩を並べて帰って行った。それが僕が見た最後の姿でした。

「君は日本の芸に近づきつつある。でも、まだ学ぶべきことはいっぱいあるよ」

九と会うたびに、僕はよくそんな言葉をかけていました。彼がテレビ番組で人形劇のナレーションを始めて、その講談の語り口調が上手だった。単なるアイドルや流行歌手として終わって欲しくなかったんです。

正直、最初に九の『上を向いて歩こう』を聴いたとき、歌が下手だと思いました。ロカビリー好きの一〇代でした。九歳年下で世代も違うし、僕はロカビリーが嫌いだった。ただ、八大さんが九に歌わせると決めていたんです。八大さんを九の育ての親とするなら、僕は口やかましいオジサンの立場でした。九も八大さんには甘えていましたが、僕には距離を置いていた。九の一周忌の法事のとき、僕はこう言いました。

「生前、九は僕のことを煙たがっていたようです。でも、永さんは煙たい人だけど、煙たい人がいるってことは大事なことなんだ、とも言っていたらしい。だから僕は九の墓前にいつも、たっぷりと線香を上げます。九は今でも煙たがっているはずです」

会場は笑い、柏木由紀子さんも笑いました。九が一目惚《ぼ》れして結婚した女優さんです。あの事故への怒りや悲しみは消えません。彼女は九が一目惚れして結婚した女優さんです。でも、ほんのちょっと心が休まりました。

御巣鷹山へ慰霊

九は川崎の廓《くるわ》街で育ったため、三味線がとても上手でした。都々逸《どどいつ》、清元、端唄《はうた》、なんでも歌えた。幼い頃から、お母さんやお姉さんにそうした芸を教えられてきた。部屋の壁には三味線が並んでいる雰囲気の中で育ったんです。ところが、高校時代にギターに出会ってロカビリーになっちゃった。でも、歌い方は三味線といえます。『上を向いて歩こう』も『見上げてごらん夜の星を』も、節回《ふし》しは邦楽なんです。だから、若者にも年寄りにも面白いな、と聞こえたんだと思います。

中学生の頃から九は、修学旅行のバスの中でプレスリーの歌真似をして、学友たちから喝采《かっさい》を受けていたそうです。それでいて、学芸会では民謡大会を演出。高校生になると、義兄の友人の紹介で「ドリフターズ」のバンドボーイも始めた。三代目のリーダーがいかりや長介《ちょうすけ》になり一世を風靡《ふうび》したあの「ザ・ドリフターズ」の初代のバンド。朝は学校に行き、午後は楽器を運び、夜は進駐軍のキャンプでステージに立っていました。両親は末っ子の九を心配しながら、芸能界に入ることを表立って反対しなかった。

スターになった九に僕は結構、厳しい態度で接し続けました。別に苛《いじ》めるためではありません。若い漫才師や落語家にも、

「こうしたほうが、もっと良くなるよ」

と、良かれと思って助言してきました。ここが大事なところで、今は馴《な》れ合いと仲良しごっこで仕事するケースが目立ちます。昔は喧嘩《けんか》してでも一緒に仕事をした。とかく芸能界は、芸のない若者にスポットライトを浴びせてスターをつくり、売れなくなると見向きもしない。そういう悲劇が多いんです。九も若くしてスターになっただけに、その後が心配でした。虚しさや孤独感に襲われたはずです。

実際、僕も二〇代の初めにそんな経験があり、他人事とは思えなかった。九も悩んだ時期があったはずです。自分で作詞・作曲をしたり、映画や舞台に出演したり、司会をしたりと分野を広げようとしていました。それでも、なにか不満で歌手であることにこだわろうとしたんです。

「永さん、大劇場ではなく観客が少ないところで、歌えるチャンスをつくってください」

九からそんな相談を受け、「ジァン・ジァン」に出演するよう勧めました。

「理想的な日本人になんか、なるなよ」

九に僕はそう言ったこともあります。ある調査で彼が「理想的な日本人」の男性の一位に選ばれたとき、堅苦しい優等生を演じて生きることはないよと。彼自身は礼儀も言葉遣いもきっちりしていましたが、殻を破って自由になって欲しかった。

僕に言わせると、九は邦楽の出身で、ロカビリーからジャズに行って、もう一度伝統芸能に戻れる人でした。それが飛行機事故で突然、亡くなってしまった。いつかきちんと、日本の伝統芸能を踏まえて、新しい坂本九になる。もうそろそろそのときが来て、僕も作詞がしたいと思っていた矢先の遭難でした。

慰霊のため僕は御巣鷹に登りました。九が発見されたという場所に小さな墓標があった。彼は北海道だけで放映された『サンデー九』というテレビ番組で、障害者の問題と九年間も取り組んでいたんです。地味な番組でしたが、僕はこの仕事に脱帽していました。障害を持つ子どもたちがどんなに九の死を悲しんだかを、墓標に酒をかけながら伝えました。

天災や人災による悲劇はいつの時代にも起きます。平成の東日本大震災の被災地を、僕は何度も訪ねました。そういう集まりの最後に『上を向いて歩こう』を歌って解散となる

ことが多かった。でも、その中の一人が、

「〝ひとりぼっちの夜〟とは、歌いたくない」

と、手をあげて訴えたんです。僕はただちに賛成しました。流行歌はそのとき、そのときの人々の心に添って歌われればいいものだと思っているからです。だから、余計に九の新しい歌を聴きたかったと残念でなりません。

石井好子

「石井邸には旨いものがあるよ。食いに行こう」

八大さんにそう誘われたことがありました。道々、

「久留米出身と言うんだぞ。明善高校と言えば、さらにいいけどな」

と、八大さんに念を押されました。広大な庭がある大邸宅でした。シャンソン歌手の石井好子さんの実家。好子さんの母方の祖父は日立製作所の基盤をつくった実業家であり、政治家だった久原房之助。好子さんの父親も久留米（福岡）出身の政治家でした。衆議院議長にもなった人物。一族は目黒に大邸宅を構えていました。

昔の政治家は、地元から上京した苦学生たちを書生にして面倒をみていました。石井邸にも書生たちがたむろしていて、好子さんは彼らの姉御《あねご》的な存在でした。そんな石井邸を僕が初めて訪ねたのは二〇代の半ば過ぎ。食べ盛りの書生さんたちに紛れ、夢中で箸《はし》を動かしました。

「久留米です。ミエージェン高です」

聞かれもしないのに、時々、僕は顔を上げて大声で言っていました。それが後々、好子さんにバレて頭が上がらなくなってしまった。怖いと言えば怖かったですね。

「そこに座りなさい」

と言われてよく怒られました。僕は土下座して謝ったりしました。でも大抵、なぜ怒られるのか理由が分からないことが多かったんです。

「どうして。どうして怒っているの？」

と、好子さんに長年ついているマネージャーによく聞きました。その人さえ分からないことが多かったんです。ただ、

「好子さんの前で、民謡を口ずさんだからだよ」

そう言われたことがありました。そんなこと僕の勝手でしょ。好子さんは良くも悪くも自分中心のお嬢様でした。

とはいえ、我儘《わがまま》だけの単なるお嬢さんではありません。東京音楽学校（現東京芸術大学）の声楽専科を卒業後、クラシックの道に進むという夢を戦争で奪われ、自活の道を選んでジャズ歌手になった。さらに二八歳のとき、歌声に磨きをかけるためアメリカへ留学。一世を風靡したシャンソン歌手のジョセフィン・ベーカーと出会った。

「シャンソンを習うなら、フランスよ」

ベーカーから言われ、好子さんはそのままパリに渡ります。シャンソンの美しさに惹《ひ》かれた女学生時代を思い出し、その勉強を一から始めるためでした。それから六年間、パリに滞在してシャンソンを学んで帰国。僕は羽田まで好子さんを迎えに行き、帰朝公演の舞台演出をさせられました。

作務衣《さむえ》姿で司会

昭和三八年（一九六三）、四一歳のとき好子さんは、シャンソンの祭典「パリ祭」を日本で主催。それから五〇年近く、亡くなる前年までこの舞台に立ち、歌い続けたんです。その司会を僕もずっと務めましたが、実は最初に依頼されたとき即座に断ったのが真相です。そしたら、好子さんが、

「私の家で、何回ご飯食べたのよ」

と、怖い顔で言うから、ハハァーと引き受けざるを得なかった。それから数年間、この司会を修行僧の作務衣姿で続けたんです。

「シャンソンの司会にその格好はないでしょ。タキシードを着て」

好子さんからそう注文がつきました。ファッション評論家のピーコが何回も丁寧に仮縫いしてくれ、立派なタキシードをつくらざるを得ませんでした。生地も良かったので高額の請求書が届きました。

「僕がつくるって言ったんじゃないから、これ好子さんが払ってくれるのかな」

そうピーコに相談したら賛成してくれた。それで請求書を好子さんに送ったんです。請求書と一緒に短い手紙が返ってきました。

〝自分で払わないと、着こなせません〟

さすがだなと感心しました。

僕が伴侶《はんりょ》の昌子さんを失った後、好子さんはときどき野菜スープを届けてくれました。

「病人でも、悲しみに沈んでいる人でも、スープなら飲むことができるでしょ」

という言葉と一緒に有り難くいただきました。料理が上手でフランスの家庭料理の本も出しています。

もっと感心したのは、好子さんが難民救済のデモに参加して、一緒に歩いた無名の人たちと座り込みもしたという事実。生前、その話を一言も僕にしませんでした。難民のためにチャリティコンサートも続けていました。偽善という一部の悪口など歯牙《しが》にもかけず、己の心に素直に、「自分は自分」という生き方を貫いた凛《りん》とした女性でした。

淡谷のり子

「ブルースの女王」といわれたのが淡谷のり子さんです。昭和四年（一九二九）に音楽学校を卒業して歌手としてデビュー。八〇代まで現役の歌手でしたが、晩年は、

「舞台で、歌いながら死にたい」

と、よく口にしていました。もうヨロヨロとしか歩けないのに、舞台ではハイヒールを履いているんです。危ないのでやめるように言っても、

「ハイヒールと、つけ睫毛《まつげ》と、アイシャドウは、私の看板だから外せないのよ」

そう言って聞いてくれませんでした。それで、

「舞台で死ぬんだったら、綺麗《きれい》に死んで欲しい。今の太った体形でハイヒールを履いていたら、ドタッと倒れて転がるだけ。それは良くないですよ。あっ危ない、でも綺麗だなーと思わせる倒れ方をしないと。それには日本舞踊を習ったほうがいいです」

僕がそう言ったら、淡谷さんは日本舞踊を習いたいと本気になってしまった。それで、家元を紹介しました。綺麗に倒れる仕草を習って、ホールまで借りてその練習もしたんです。それから間もなく脳梗塞《こうそく》で倒れて車いすの生活になり、淡谷さんの最後の夢は叶《かな》わなかった。周りの人から、

「永さんが、あんな悪ふざけするからだ」

と、こっぴどく叱《しか》られました。

淡谷さんと僕の付き合いは長いんです。淡谷さんと高橋竹山《ちくざん》さんの「じょっぱりコンサ

ート」の司会を僕がやっていたからです。じょっぱりというのは津軽弁で意地っ張りとか頑固という意味。この二人は津軽出身で不思議な縁がありました。淡谷さんは阿波屋という呉服屋の娘で、その店に門付《かどづけ》に来ていたのが盲目の竹山さんでした。地べたに座って三味線を弾く竹山さんに、チャリンとお金を上げるのが娘だった淡谷さんの役目でした。

それから間もなく、淡谷さんの家は大火に遭い倒産。彼女はクラシックの基礎を学ぶために、東京の音楽学校に入学しました。その学費や生活費を稼ぐため、絵画の裸婦のモデルなどをしていたんです。淡谷さんも竹山さんも、どん底から這《は》い上がって名を成した。竹山さんは昭和六一年（一九八六）、アメリカの主要七都市でコンサートを開き、ニューヨークのカーネギーホールの舞台にも立った津軽三味線の名人です。

竹山さんは最後まで淡谷さんのことを、お世話になった大店《おおだな》のお嬢さんと思っていました。「じょっぱりコンサート」は地方の小さなホールにも行き、楽屋が狭いところも多かった。でも絶対、竹山さんは淡谷さんと同じ楽屋には入らず、廊下に座っていました。

「淡谷さんって、どんな感じの人ですか」

あるとき、竹山さんに聞かれたことがあります。

「昔は可愛《かわい》かったと思います。とても肉付きの豊かな、大きなおっぱいをした人」

僕はそう答えました。

「観音さまみたいだ」

竹山さんは呟《つぶや》くように言いました。

その日、淡谷さんが舞台に出たとき、僕は竹山さんの手を引いて横に座ってもらった。

「今、手を伸ばせば淡谷さんに触れますよ。おっぱいが大きく綺麗です。触ってごらんなさい」

二人の不思議な縁、門付の話をしながら竹山さんに僕は言いました。

「とんでもねぇ、とんでもねぇ」

竹山さんが身を固くして答えたので、僕はその手を握って淡谷さんの胸に持っていった。

竹山さんは感極まって泣き出してしまいました。これは悪ふざけでもセクハラでもありません。竹山さんなら、淡谷さんの胸に触れることが許されると思ったからです。世間から怖いと言われていた淡谷さんが、あのときは微笑《ほほえ》んでいました。

津軽乙女の純情

淡谷さんは気性が激しく、好き嫌いがはっきりしていた。演歌は大嫌いでした。僕とこんな会話をしたことがあります。

「演歌歌手を束にして火をつけたい」

「演歌の中にも、いいものがありますよ」

「じゃあ、火は私がつけるから、あなたは煽《あお》いで」

それだけではありません。

「今の歌手は、歌屋に過ぎない人が多い」

「歌手ではなくカス」

などと、手厳しい言葉をテレビで言い放っていました。ニコリともしない仏頂面でした。

戦時中は、よく軍の慰問に出かけていたそうです。捕虜の欧米人がいるときは、彼らのほうを見て英語で歌い軍部に睨《にら》まれた。さらに派手な化粧や衣装を自粛しろ、と注意を受けたのに、

「プロの歌手にとって、舞台衣装は戦闘服です」

と、撥《は》ねつけたんです。これには軍部もグウの音《ね》も出なかった。

淡谷さんはプロ根性に徹していて、舞台で涙を見せてはいけないと思っていました。

「舞台で一度も、泣いたことがないの?」

僕がそう聞いたら、

「一度だけあるわ。知覧《ちらん》のとき……」

と、淡谷さんは声を湿らせて言った。知覧というのは特攻隊がいた鹿児島の基地です。歌っている途中、彼ら若者が立ち上がり深く頭を下げて、静かに会場から一人、また一人と去って行った。出撃命令が出たからで、もう二度と彼らに会えないのかと思うと、涙が止まらなかったといいます。

津軽乙女の純情を、あの不機嫌な表情の下に秘めている女性でした。

三波春夫

三波春夫さんは、昭和の歌謡界を代表する国民的スターでした。年に一度、東京の歌舞伎座を借り切り一か月公演を続けていました。だから、「三波貯金」というのが関東近郊の農協にはあった。この公演を見に行くため、毎月、「三波貯金」として口座にお金を貯める人が多かったんです。

東京だけでなく、大阪と名古屋の大劇場でも毎年、一か月公演を行っていつも満席だった。明るく甘い艶《つや》のある歌声で、熱狂的なファンが大勢いました。三波さんが三〇代から五〇代にかけて、この三か所での公演を二〇年間も続けられるほどの人気だったんです。

でも、人気というのは必ず下り坂を迎えます。三波さんも例外ではなかった。そこで屈せず「歌謡浪曲」という分野に挑戦したんです。さらに、七〇代になってからも、

「新しい境地を開拓したい」

と、僕に作詞の依頼がありました。それで『明日咲くつぼみに』をつくったんです。歳月と共に去り行く命を懐かしみながら、新しい命に思いを託して行くというイメージの歌。

レコーディングの日、僕もスタジオで立ち会いました。その歌声を聴きながら、なにか違うなと思ったんです。この歌は三波さんが車いすになっても、一〇〇歳になっても、歌い続けて欲しかったからです。ところが、こぶしのきいた明るい声を張り上げる、従来の歌い方のままでした。

「優しく、語りかけるような感じでお願いします」

僕はそう伝えました。でも、三波さんは歌い方を変えようとはしなかった。無理もありません。三波さんの歌の出発点は浪曲師。その時代に師と仰いだ先生が、無類な明るい声で絶対的な人気がありました。だから、陽気な明るさが、なにより大事だと思い、歌い続けていたんでしょうね。

「永さん、すみません。三波には無理です」

三波さんの奥さん、ゆきさんは僕にそう言って頭を下げてくれた。しかたないので諦《あきら》め、僕はスタジオを出ようとしました。そしたら、背後から、

「永さんの言っていることが、分からないの。力を抜けってことよ。あなたは三波春夫でしょ。そのくらいできなくて、どうするの」

というゆきさんの大きな声が響いてきました。その声に押されて、三波さんは僕のイメージ通りの歌い方をしてくれたんです。

〝ああ、三波春夫というスターを支えてきたのは、この奥さんだ〟

そう思いました。

シベリア抑留の体験

それから、三波さんと一緒に仕事する機会が何度かありました。僕のトークショーにお呼びして、シベリア抑留の体験談を語ってもらったりした。二〇歳のとき、陸軍に入隊して満州に配属され、そこで敗戦を迎えた。ところが、ソ連軍に捕まりシベリアに送られて、四年近い捕虜生活を余儀なくさせられたんです。

極寒の地でろくに食べ物も与えられず、過酷な肉体労働に駆り出された。それに耐えられず、命を落とす仲間が多かったといいます。辛うじて生き抜いた三波さんは、そうした体験を語ってくれました。

三波さんの仕事の場には、必ずゆきさんかお嬢さんが付き添っていました。僕に作詞を依頼したとき、すでに三波さんはガンの宣告を受けていたそうです。でも、家族以外は誰にも隠し通して仕事を続けた。亡くなった後、初めて僕もその事実を知り心が痛みました。

奈良の老人ホームに三波さんと一緒に慰問に行ったときのことでした。三波さんが歌い、僕が話をしてステージが終わった。ホーム側がお礼に入居者の歌を聞かせたい、という申し出がありました。大歌手の三波さんの前で歌を披露するという度胸に、僕は内心、驚きました。でも、お年寄りは悪びれた様子もなく、楽しそうに歌い始めたんです。

「歌って、こういう風に心を込めればいいのよ」

ゆきさんが三波さんにささやきました。

お世辞やお追従《ついしょう》に囲まれて自分を見失い、人が離れてしまうため、スターというのは孤独になりがちです。でも、心から三波さんを想い、苦い言葉も直言する家族に恵まれていました。だから、三波さんはスターの孤独とは無縁だったはずです。

美空ひばり

『一本の鉛筆』という歌を知っていますか。「歌謡界の女王」と言われた美空ひばりの反戦歌です。僕は彼女のこの歌を生で聴いたことがある。昭和四九年（一九七四）、長崎の原爆記念日に開催された一回目の「広島平和音楽祭」の会場でした。そのとき、三七歳の彼女はすでに国民的大スター。その彼女が自分からオファーしてこの音楽祭に出演したんです。歌唱力はもちろん、歌う前に舞台で挨拶《あいさつ》したひばりの言葉も印象に残っています。

「茨《いばら》の道が続こうと、平和のために我歌う」

と言ったんです。七五調に近い物言いでした。

ひばりには和歌の素養がありました。二〇代で、映画スターの小林旭と結婚したとき、二人のラブレターのやり取りは和歌でした。その一部を僕はひばりから見せてもらったことがあります。

自分の人生を「茨の道」と表現したのは、決して誇張したわけではありません。この音楽祭に出た前の年、ひばりは公共の放送局や全国の公会堂から締め出されていたんです。暴力団がらみの弟の不祥事が表沙汰になったため、ひばりの舞台から弟を降ろせと、役所などが要請した。でも、彼女はそれを拒否してマスコミのバッシングを受けた。

「幼いときから母を私が独占して、弟たちに寂しい思いをさせてしまいました。だから、弟を見放すことはできません」

というのがひばりの想いでした。

彼女をスターにしたのは、母の喜美枝さんの力が大きいとされています。八歳のとき、素人のど自慢大会に出場して以来、歌を聴いてくれる会場ならどこにでも母と一緒に出向いたそうです。その年、念願のＮＨＫの「のど自慢大会」にも出場して、予選通過を疑わなかったのに鐘が鳴らなかった。憤った母は翌年、作曲家の古賀政男に直談判するんです。地元の横浜で開催されたこの大会に、審査委員として招かれていた古賀を捕まえ、半ば強引にひばりの歌を聴いてもらったそうです。

「もう君は素人ではない。立派な歌手だ」

古賀はその才能に驚き、そう言ったと伝えられています。

一一歳でレコードデビューしたひばりは、歌や映画がヒットして、スターの道を駆け上がって行った。その陰のプロデューサーとして、ひばりをずっと支え続けたのがお母さん。でも、デビュー当時、世間も業界もこの親子に厳しかったんです。

「子どもが大人の真似をして、気持ちが悪い」

「教育上、好ましくない」

などという批判を浴びせました。その盾になってお母さんはひばりを庇《かば》い、常に行動を共にしていた。一卵性親子と言われるほど、二人の絆《きずな》は強かったんです。そんな日々を振り返り、ひばりは弟にすまないと思ったんでしょうね。

スターの宿命

大スターになっても人に気を遣っていました。僕も共演したことがあります。そのとき、ひばりが用意した僕の衣装はキンキラで恥ずかしかった。でも、

「永さん、その衣装ステキ」

会うなり、ひばりは明るい声で衣装を褒めてくれた。誰が見ても変なのにね。誰からも好かれたいというのはスターの宿命です。彼女もそれを背負っていました。

ひばりにはさまざまな伝説が残されていますが、僕が好きなのはタクシーの運転手さんとの話。スターになればなるほど、取り巻きが増えて周りに人がいる。一人になりたいとき彼女は、夜中にこっそり家を出て、街をあてもなく歩き続けたそうです。あるとき、歩き過ぎて道に迷い家が分からなくなった。タクシーを停め、家の住所を伝えて送ってもらったものの、降りるとき財布を持っていないのに初めて気づいた。それからの行動がまさに美空ひばり。助手席に座って、

「この料金の分だけ歌います」

そう言って、運転手一人のために、次々に自分の持ち歌を歌った。「もういいです。もういいです」と運転手が恐縮するまで歌い続けたんです。

ひばりは四〇代の半ば過ぎから、肝硬変による腰痛を抱えていました。それを隠して全国ツアーを続け、地方で入院したこともあった。再起不能とマスコミで騒がれ始めてから、亡くなる一年前に、東京ドームで「不死鳥コンサート」を行い、ファンを感動させました。すでにそのとき普通の人なら立つこともできないほど、病状が進行していたそうです。持ち歌三九曲を熱唱して、そのまま救急車で病院へ直行。でも、その数か月後、「広島平和音楽祭」でまた『一本の鉛筆』を歌ったんです。

自分の才能を信じて、一途に歌の道を歩んでいる自信が常にありました。世間のバッシングさえ糧にして女王の座を守り続けた歌手でした。

第六章　「中年御三家」の反戦

小沢昭一のこころ

ハーモニカ少年

かつて「中年御三家」というグループがありました。

メンバーは小沢昭一《しょういち》さんと野坂昭如《あきゆき》さんと僕。昭和三〇年代の後半から四〇年代にかけて、若者たちのアイドルだったのが「元祖・御三家」です。橋幸夫、舟木一夫、西郷輝彦という人気歌手の三人組。それに対抗するつもりはありませんでしたが、「中年御三家」は昭和四九年（一九七四）の六月に結成されました。

プロデュースしたのは、伝説的な雑誌「話の特集」の矢崎泰久《やすひさ》編集長。この雑誌はサブカルチャーを旗印にして、昭和四〇年（一九六五）から三〇年間続いたミニコミ誌です。

僕もこの雑誌に原稿を依頼され、初めて執筆活動をすることができました。

その「話の特集」が主催したのが、渋谷公会堂で行われた「大歌謡祭」というイベント。

矢崎さんはプロデューサーとしての才能もあるんです。彼に言われて僕らは集合した。それが話題になって六か月後、日本武道館でコンサートをするまでになったんです。ビートルズ以来と言われるほど観客が集まった。その後、全国ツアーにも行きました。

この舞台でも小沢さんは必ずハーモニカを吹いていました。その肩書は、俳優、芸能研究者、俳人、ラジオのパーソナリティなど多彩。ハーモニカで童謡や軍歌や流行歌を吹きながら、全国を回って一人語りの舞台公演もしていました。小沢さんといえばハーモニカ。そんな連想が自然に浮かぶ人でした。

僕が小沢さんと親しく話ができるようになったきっかけは、坂本九がつくってくれたといえます。昭和四〇年（一九六五）、九に日本の芸の見直しをしてもらおうと、「ばらえ亭」という寄席を始めることにしたんです。九と渥美《あつみ》（清）ちゃんと黒柳徹子さんの三人が幹事になり、赤坂の喫茶店の地下で開催。客は芸人、タレントだけという名人会でした。ここで僕は小沢さんと親しくなれました。

小沢さんは昭和四年（一九二九）、東京・杉並の生まれ。四歳のとき蒲田《かまた》に移り、そこで育ったんです。京浜工業地帯を控えた東京の南外れの活気に溢《あふ》れた土地。カフェ街も近くにあり、夜になるとギターの流しがやってくる。

「聴かせてちょうだい」

そう言って小沢さんは後をついて回っていたんです。だから、古い歌から流行歌までみんな聴いて覚えちゃう。ハーモニカを手にしたのは七歳の頃でした。小沢さんにいわせると、楽器ではなく玩具《おもちゃ》の感覚。知り合いのお兄さんに吹き方を教えてもらった。あとはただ我流で吹きまくっていたそうです。知っているメロディなら、即座に吹くことができる。見よう見まねでベースを入れる奏法も身につけていました。でも本人は、

「せいぜい素人芸の、中の下」

と自己評価していました。そういうところが小沢さんらしいといえます。

心の底から軍国少年

「当時、ハーモニカは〝夕涼み楽器〟だったの。夏の宵には、近所の工員さんや商店の小僧さんが、下宿屋の二階の窓や路地の縁台で吹いていた。それはいつも哀愁の曲。地方出身者たちの望郷のメロディだったんでしょうね」

小沢さんは僕にそう話してくれました。さらに、若者だけでなく年配の人たちも、ハーモニカをプカプカ吹いていたそうです。

中学生になった小沢さんは、同級生のフランキー堺さんと朝から晩まで、一緒に行動していたんです。フランキーさんは後に「昭和の喜劇王」とされた人物。二人で銀座の「金《こん》春《ぱる》」という寄席にしょっちゅう通っていた。映画もよく観に行き、毎日、毎日、面白くて楽しい生活だった。演劇部を立ち上げ、その活動も始めたんです。それでも、戦時下の軍国主義の教育は徹底していました。小学校から海軍の准士官が先生でした。

「残念ながら、僕はバリバリの軍国少年でした。国を挙げてマインドコントロールされてきたからね。オウム真理教どころの騒ぎじゃないですよ。国を挙げてオウム真理教だ。ですから、心の底から軍国少年」

小沢さんはそういう教育を受けたんです。好きなハーモニカで吹くのは軍歌と軍国歌謡だけになっていった。

「みんな死ね、死ね、死ねという歌なの。どんどん死ね、死ねと。当時の軍歌、軍国歌謡はなんでもかんでもみんな死ねという歌なんです」

中学生の小沢さんは完全に洗脳されていて、自分も本気で死ぬ気だったといいます。それでも、心の底で子どもながら、そろばんをはじいていた。

「二十歳になりゃ、みんな徴兵で兵隊さんになるんだい。だけど、話を聞くと、新兵さんはね、朝から晩まで上官に引っぱたかれている」

だったら、できるだけ早く、引っぱたく地位についた方がいい。それが小沢少年のそろばんでした。第一次世界大戦のとき、日本はシベリアに出兵した。そのとき、小沢さんのお父さんは徴兵され大怪我をして、帰国後は病気になりがちだった。軍隊生活のヒエラルキーを小沢さんは少年ながら知っていたんでしょうね。猛勉強して広島の江田島にある海軍兵学校を受験。合格して長崎の針尾島にできた校舎で寄宿生活を始めました。

出発の日、近所の駅の踏み切りからお父さんが、自転車を杖替《つえ》わりにして小沢さんの乗った電車を見送ってくれていた。小沢さんは一人っ子。その父の姿がいつまでも忘れられないと、この話をするとき小沢さんはいつも涙ぐんでいました。

昭和二〇年（一九四五）の四月、小沢さんは一六歳でした。寄宿舎に入ったその晩から、

〝急いでこんなところに来ることはなかったな〟

と、すぐ後悔しました。ハーモニカを取り上げられたからです。着いてすぐに持ち物検査を受け、

「貴様は戦争をなんだと思ってんだ、こんなもの持ってきやがって」

と、上官から咎《とが》められ、頭を四、五回叩《たた》かれた。それはあまり苦にならなかった。小さい頃にお父さんによく叩かれていたからです。でも、ハーモニカを没収されたのはショックだった。

「だって、ハーモニカはわたしの分身みたいなもんだもん。いつも懐入れて、兵学校だろうとなんだろうと、そこに行って、軍歌でもなんでも吹けばいいかなあと思って持っていったんですが、取り上げられてしまった。悲しかったです、あの悲しさは忘れられません」

小沢さんはそう話していました。ハーモニカは悲しみを、妙に励ましたり力づけたりしない。あの音色はそっと我が身を包み、心の奥のほうをジンワリと温めてくれる。それが小沢さんのハーモニカに対する想いでした。

兵学校での毎日の軍事訓練も、それほど苦痛ではなかったといいます。でも、消灯ラッパが鳴ると「寝ろ」という合図。寝床に入ると、母親や友だちが恋しい。楽しい中学時代

が恋しい。毎晩、涙で枕を濡らすという日々でした。

広島・火の玉と臭い

兵学校での生活が半年も経たないうち、

「集まれ、ラジオ放送を聞く」

と、小沢さんたちは集合させられました。なんだろうと生徒たちは思った。そうしたら、

「どうも日本は負けたらしい」

「戦争は終わったようだ」

ラジオを聞いて、なんとなくそんな感じになった。それは悔しい、残念だと小沢さんは思ったそうです。

「だけども、そんなことより、ああ、東京へ帰れるな」

という嬉《うれ》しさがこみ上げてきた。

「学校は終わりだ。東京の者、大阪の者、手をあげろ」

爪で大地をかきむしり、悔しがっていた上官がすぐ冷静さを取り戻して告げたんです。

手をあげた小沢さんたちに向かって、

「お前たちの家は焼けてもうないぞ。だから、学校の物、なんでも持って行っていいぞ。役に立つはずだ」

と、上官はつけくわえた。小沢さんは欲の鬼と化して、鍋や釜《かま》、小机、辞書など手当たり次第に集め始めたんです。その量の多さを見咎めた上官が、自分一人で持てる荷物にしろ、という指示を出した。

「自分の荷物を担ぎ、駆け足で運動場を二周できれば帰っていい」

上官からそう言われた。そこで、小沢さんは思いついたんです。毛布を二枚、自分で縫って繋《つな》ぎ合わせた。これを海苔《のり》巻《まき》の海苔と考え、軍服も下着もお米も小机もなんでもかんでも集めて巻いた。さらに紐《ひも》でからげて頭に載せ、運動場を二周したんです。火事場のバカ力ではないけれど、ちゃんと走れた。この荷物をつくった後、上官が小沢さんのハーモニカも返してくれた。もう入れるところがないので、そのハーモニカを首から下げていたお米の袋にしまったんです。そして、東京へ帰ることになりました。敗戦から一〇日が過ぎた頃でした。

九州に米軍が上陸するという噂《うわさ》が流れ、小沢さんたちはまず山口の防府の兵舎に車で運ばれた。そこからは海軍の制服を着たまま自主帰郷。駅まで六キロくらいある道を、みんな項垂《うなだ》れて歩き続けていました。一人ピョンピョン、ピョンピョン跳んでいる少年がいたんです。それが大きな荷物を頭に載せた小沢さん。でも、駅に辿《たど》り着くには小山を越えなければいけない。もうピョンピョンはできません。そこで荷物を頭から下ろして引きずることにした。これがいやに重くて一人ではダメでした。

呆《あき》れて見ていた同級生二人が手伝ってくれた。坂道の八合目くらいまで汗をダラダラかきながら、三人で抱えて運ぶうち小沢さんは気絶してしまったんです。いわゆる熱中症。

気がついたら、走り続ける貨物列車に乗っていた。同級生が東京方面の貨車に、担ぎ上げて乗せてくれたに違いない。あとからそう合点がいったそうです。でも、そのときはなにがなんだか分からないまま、石炭の箱の横に寝ていました。

四〇度近い熱に浮かされながら、小沢さんは不安で不安でしかたなかった。貨車は走り続け、やがて周囲に闇《やみ》が広がり始めた。しばらくすると、ピタリと貨車が停まったんです。表現のしようがない悪臭が鼻を突き、何事かとやっとの思いで起き上がって周囲を見渡した。辺り一面、無数の火の玉が飛んでいたんです。

「ああ、地獄へ来た。あんまり欲に目がくらんだんで、閻魔《えんま》さんが私のこと呼んだんだ」

思わず小沢さんは声に出して呟《つぶや》きました。そこは原爆が投下された広島でした。

広島駅の引き込み線に貨車が入って動かなくなっていたんです。火の玉に見えたのは死体を荼毘《だび》に付している火。あっちでもこっちでも原爆で亡くなられた人々を、堆《うずたか》く積み上げて燃やしていた。この年の末までに原爆によって亡くなった方は一四万人といわれています。

「私、あの臭い、あの日、もう一生、忘れられません」

この広島での体験を、小沢さんが話すようになったのは晩年です。ハーモニカと歌とトークという公演を全国各地で長く続け、そこで語り始めたんです。

「それまでの『死ね死ねというものの考え方』から『今日の人間の命というものは、何にもまして尊いものだ』という、そういう考え方に、どうも、あそこで切り替わったんじゃなかろうかな。いや、そのときにそう思ったわけじゃありません。後に、そう思うように努めているといった方が正しいんでありますがね」

長い間、おろそかには言葉にできなかった広島の体験が、戦後の小沢さんの根底には慟《どう》哭《こく》としてあったんでしょうね。

「中の下」の生き方

小沢さんが乗った貨物列車は名古屋行きでした。辛《つら》かったけどまた荷物を頭に載せてホームに降りたんです。東京行きの列車を探しながら、ピョンピョン跳ねて歩いていると、

「待てっ。こっちを向け」

という号令がかかったんです。小沢さんは荷物を放り出してさっと敬礼しました。目の前にギラリと光る日本刀を突きつけられ、

「これから、われわれ海軍は米軍に切り込みをかける。貴様も加われっ」

そう、海軍中尉に命令された。逆らうと日本刀で斬り殺されそうなので、小沢さんは「はい」とついて行った。ホームには二〇人ほどが円陣を組んでいました。周囲に酒瓶が散乱していた。小沢さんは大きな荷物と米袋を円陣の外に置いたんです。

そのとき、みなが声を揃《そろ》えて軍歌を歌い始めた。

咄嗟《とっさ》に、小沢さんは身一つで逃げようと思ったそうです。ちょうど、ホームに汽車が停まっていた。屋根まで人が乗って超満員。乗車口など分からないから、窓からこの汽車に潜り込んだ。発車のベルが鳴っているのに、いつまで経っても動かない。するとまた欲が出てきたといいます。隣のおじさんにお金を渡して、円陣の近くに置いてある荷物を取って来てくれるように頼んだ。首尾よくことが運んだとはいえ、戻って来たのは大きな毛布の荷物だけ。気が動転していた小沢さんは、ハーモニカの入った米袋のことまで気が回らなかった。大事なハーモニカは名古屋駅に置き去りにされたままになってしまいました。

小沢さんが乗った汽車は長野行きでした。そこから東京行きに乗り換え、やっとの思いで東京へ辿り着きました。でも、東京は一面の真っ黒な焼け野原。蒲田に着いたものの自分の家がどこかも分からない。小沢さんの家の隣に焼夷弾《しょういだん》と一緒に爆弾も落ちて、家々が跡形もなく焼失してしまった。一週間近く経って家族と再会できたとき、そう聞かされた。お父さんもお母さんも、

「昭一の顔を見るまでは、生きていようね」

と、励まし合って戦火を逃げ延びたそうです。でも、そのときの怪我がもとでお父さん

は、間もなく五一歳で亡くなってしまいました。

反戦歌『ハーモニカブルース』

後日、名古屋で会った海軍中尉たちが、上陸した米軍に切り込み、全員が機銃掃射で即死。そんな記事を新聞で見つけ、小沢さんは逃げてよかったとしみじみ思ったといいます。そして、新しいハーモニカを手に入れ、農村慰問隊に参加しました。なにか食べ物を分けてもらえると思ったからです。

もう一つ、すぐに行ったのが寄席でした。焼け跡の上野の「鈴本」。焼けてなんにもないのに、今でいうと上野の広小路の道路の真ん中にできていた、二〇人くらい入る小さな小屋で寄席が始まっていた。落語が聴けて嬉しかったといいます。

その後、小沢さんは早稲田大学に入学。初めて僕が小沢さんを見かけたのは大隈講堂の地下にある小講堂。そこで落語研究会が開かれていた。僕はまだ早稲田高校の二年か三年でした。小沢さんはこの落研《おち》の創設者の一人でした。今やほとんどの大学に落研があり、多くの噺家《はなしか》を輩出しています。つまり、小沢さんは落語という芸を繋いで、発展させるきっかけをつくった人なんです。そういう活動がなければ、落語が今のように伝わったか分からないくらい大事な仕事をした。しかも落語が本当に上手《うま》かった。僕が好きなあの柳家小三治《こさんじ》さんが、

「小沢さんが落語家にならないで良かった。もしなっていたら、僕は落語家の道を選ばなかったでしょう」

と、評価したくらいでした。芸を極めた人の言葉だけに説得力があるでしょ。

小沢さんは在学中に俳優座の養成所に通って、役者の道も歩き始めました。さらに、放浪芸や大道芸のオーソリティとなって、見つけ出したり集めたりした芸もたくさんある。猿回しの復活もその一つです。それでも、そういう手柄話を絶対言わない。見事に言わない。こうしたことはもっと評価されるべきですよね。

平和主義者で戦争を憎んでいてもデモには参加しませんでした。しかし、秀れた反戦歌『ハーモニカブルース』は歌い続けました。

「平和なら、死ぬよりはいいですよ。殺されるよりはいいですよ」

戦争が終わって、軍隊の学校から焼け野原に戻ってきた小沢さんは、ああそうか、こっ

ちのほうがいいやって思ったそうです。食う物も着る物も住むところもないのに、こっちのほうがいいやって。

小沢さんはそう訴え続けました。自分は保守的な人間だから、あの焼け跡で思った気持ちはずっと変わらないと、笑いを誘いながら話していました。

「第九条は残しておくといいね。あれは今から一〇〇年か二〇〇年ぐらいたったときに、日本ってそういうことを言ってたのか、ああ、その通りだと褒められると思う」

なぜなら、この前まで山梨県と新潟県が戦争をしていた。武田信玄と上杉謙信の川中島の合戦。今はもう国内で喧嘩《けんか》はしないけど、国同士の戦争もよそうと。地球の人間が生きていくためには、そこに持っていかなきゃしょうがない。地球そのものが危なくなってきているんだから……それが小沢さんの考えでした。

「日本は軍事大国で失敗して、次に経済大国を目指した。でも、大国というのがどうも私の性には合わない。『狭いながらも楽しい我が家』でいいんじゃないですか。中の下、それが合っていると思うんであります」

小沢さんは大国意識など持たず、腰を低くして生きようよと提案していました。

「よろしくお願いします。みなさんのお陰です」

どんな国に対してもそう接したほうがいいというのが小沢さん。それが「中の下」という意識です。だから僕は言いました。

「小沢さん、外務大臣になってよ」

「いいよ。外務大臣やろうか」

小沢さんはあの口調で快諾してくれたんです。愛国とか勇ましいことを言うリーダーはいらない。口では国のため平和のためと言いながら、暴走する権力や軍部を皮膚感覚で知っていたんです。

「幸せは、ささやかなるが極上」

この人について行けば間違いない。なにか面白そうなことに遭える。そう思って僕は小沢さんに接してきました。小沢さんの一の弟子のつもりでした。だから、彼の麻布中学時代の仲間の友情は、見ていて羨《うらや》ましかった。毎日、一緒に遊んだというフランキー堺さん、役者の加藤武さん、仲谷昇さん、作曲家の内藤法美《つねみ》さん、精神科医のなだいなださんたちと同級生だった。男の子同士、いくつになっても中学時代と変わらない。その仲の良さは見ていて気持ちの良いものでした。

小沢さんは本当に引き出しをたくさん持っていましたね。だから、日活映画で「変な役者」として売れ出した。猥雑《わいざつ》なものが好きでストリップにも詳しかった。芸能史の研究もずっと続けていたので、その取材に僕もついて行きました。そんな道中で、

「僕が死んだら、土饅頭《どまんじゆう》がいいな」

という話になりました。亡骸《なきがら》を桶《おけ》の中に入れて、たむけに野の花なども入れ、そのまま穴を掘って埋める。掘って余った土をお饅頭のようにして墓標をつくる。歳月が経って埋めた桶が腐ると、お饅頭型の墓標がすとんと落ちて平らになってしまう。文字通り、土に還《かえ》るんです。墓地だった土地が平らなのは、土饅頭の墓だったからです。

小沢さんは俳句も浪花節も講談も上手かったんです。ハーモニカもプロ並み。でも、スポットライトを浴びると、そこからすっと身を引いちゃう。注目されたり人気が出たりするのを拒んでいたんです。

「幸せは、ささやかなるが極上」

というのが、小沢さんの生き方でした。

それから、人の気持ちを楽にするユーモアが得意な人。

「絶対に辞めないで。僕が一番になっちゃう。それは困るよ」

小沢さんにそう言われて、ラジオのレギュラー番組を続けることにしたことがありました。数年前、僕は呂律《ろれつ》がよく回らなくなって、本気で番組を辞めようかと悩んだとき、小沢さんに相談したんです。僕らはそれぞれラジオの番組を持っていて、共に一万回を超えていました。でも、僕のほうが長いから、辞めれば小沢さんが一番になってしまう。それは嫌だと僕を引き留めてくれた。自分が困るから辞めないでという言い方が、小沢さんらしいユーモア。相手の気持ちを楽にするでしょ。その別れ際、

「転ぶといけないから……」

小沢さんが僕のためにタクシーを停めて乗せてくれたんです。でもその後、そのタクシーが一回転するほどの事故に遭い、僕は即、救急車で病院に運ばれました。

翌日、お見舞いに駆けつけてくれた小沢さんは、こう言ってくれた。

「あんた、事故に遭う前よりよくしゃべっているよ。昔のラジオは叩くと直る。それと同

じ。良かった。良かった」

本当に事故のショックなのか、かなり話せるようになったのは事実。人間、なにが幸いするか分かりません。

小沢さんが助平《すけべい》を売り物にしていたのも、そう言えば、自分も相手も気持ちが楽になるからです。長い付き合いの中で、小沢さんが助平なのを一度も見たことがありません。

渥美ちゃんと同じで、自分がガンだというのを隠し続けていました。六〇代の終わりに前立腺ガンが見つかった。でも、公表はしませんでした。密《ひそ》かに治療を続けていたんです。それなのに、最後までヘビースモーカーを通して、禁煙と書いてある場所でも堂々と吸っていた。ガンが転移して入院したのは八三歳の夏。退院後の冬、自宅の周りを散歩していると聞いて安心していました。

退院の　一歩一歩の　落ち葉踏む

そんな句をつくったと、電話の向こうから明るい声で言っていた。でも、これが辞世の句になってしまいました。

いろいろな顔を持つ多才な人でしたが、一つ選べと言われたら、やはり僕はラジオ番組の『小沢昭一の小沢昭一的こころ』をあげます。あのラジオの中に、彼がかかわっているあらゆる芸能が詰め込まれていた。品と含羞《がんしゅう》が伝わってくる番組でした。

野坂昭如の無頼《ぶらい》

養子として神戸へ

「中年御三家」のもう一人、作家の野坂昭如さんと僕の出会いは古く、最初に書いた通り三木鶏郎《とりろう》さんの「冗談工房」でした。まだお互い二〇代。当時のことを野坂さんはよく覚えていて、『風狂の思想』という本に詳しく書いています。

「永六輔の提案で、われわれはみなジーパンをはき、かなり派手なポロシャツに、運動靴だから、まあバンドボーイ風のいでたち」

まったく僕は覚えていませんが、野坂さんはさすが作家です。記憶力が抜群で詳細に物事を覚えている人でした。

「中年御三家」のコンサートで全国を回りました。でも、舞台が終わると、野坂さんはさっと一人で飲みに行ってしまう。小沢さんも僕もお酒は飲みません。それもあったと思いますが、野坂さんは自分の過去を話したがりませんでした。だから、『火垂《ほた》るの墓』や『風狂の思想』『わが桎梏《しっこく》の碑』という三作から、野坂さんの壮絶な過去を知りました。これらの本を参考にして、野坂さんのことは書くことにしました。この作家をより深く理解したければ、この三作をぜひ読んでください。

野坂さんが生まれたのは昭和五年（一九三〇）。神奈川県の鎌倉市。産後、間もなくお母さんは亡くなられた。そのため、わずか六か月の乳飲み子のとき、実母の妹さんの家に養子として引き取られたんです。神戸の石油商の家でした。

野坂さんも日本が軍国主義の最中に育った子どもといえます。

「（＊編注　昭和五年〈一九三〇〉に生まれた）そのほぼ一年後に、満州事変が起り、小学校へ入学した年、支那事変が始まり、小学校が国民学校とかわった年に、太平洋戦争が起り、中学三年の時、日本は敗けた」

と、書いています。でも、海軍とも取引のあった養子先は裕福で、経済的には豊かな生活をしていました。義父母は野坂さん以外に、妹になる養女を迎えた。ところが、その養女が病死したため、また乳飲み子の養女が来たんです。祖母と父母と妹との五人家族。伶子というこの妹を野坂さんは猫かわいがりします。昭和二〇年（一九四五）の四月二〇日が妹の誕生日でした。

「ヨチヨチ歩きができた、祝いの献立てはこの時期にして、ずい分豪華だった、チョコレートをかけたホットケーキ、缶詰のピーチ、家族は尾頭付きの鯛の焼物。父が、油を扱って、軍需景気のおこぼれにあずかり、空襲前日まで、食いものいっさいに不自由はなかった」

そう綴《つづ》っています。

神戸大空襲

そんな暮らしが、一夜にしてひっくりかえったのが神戸大空襲でした。米軍により神戸も二回にわたって、大規模な市民への無差別爆撃が行われた。まず昭和二〇年の三月、西神戸地帯が壊滅。でも、野坂さんの家は東神戸だったので無事でした。ところが、続く六月に東神戸も無差別爆撃されてしまいました。

その日の朝六時、警戒警報が鳴り、三〇分後に空襲警報がラジオから流れた。ゲートルを巻いたまま、布団を敷かず寝ていた野坂さんは飛び起きました。裏庭の穴に食糧を隠し、避難用の身支度を始めたんです。

午前七時を過ぎた頃、すでに馴染《なじ》みのB29の爆音が近づいてきた。次の瞬間、経験したことのない極限状態が野坂さんを襲いました。

「爆音がのしかかって来る、かすかに聞きつけてから、上下左右びっしり爆音で押しふたがれたような感じまで、三十秒足らず。開け放った硝子戸がビリビリ音立てて震えた。玄関にぼくと父が立つ、母と妹は床下壕に身をひそめたはず、焼夷弾落下は、弾体の空気との擦過音で判る」

野坂さんの住む家一帯が爆撃されたんです。祖母は親戚の家に疎開して不在。

「焼夷弾落下、焼夷弾落下」

お向かいの家から女性の甲高い声がしました。野坂さんはバケツを手に外に飛び出した。すると、さらに前より密度の濃い、落下の前ぶれの音に打たれた。隣の前庭に駆け込み、伏せてバケツを鉄帽の上から被った。二度、大地が突き上げられた、そこで気絶。気がついて自分の家を振り返ると、庭の松の木も二階の庇《ひさし》屋根も部屋も燃えていました。

この爆撃で野坂さんの家は焼失して、養父は行方不明。三日後、野坂さんは一人で自分が通っていた国民学校に足を運びました。犠牲者の亡骸がここに収容されていたからです。

途中の道路や原っぱには、無数に倒れた遺体が転がっていた。

「ムシロやゴザにくるまれた、どうやら人間の形にみえないでもない炭の塊《かたま》りを、三体あらためて、ぼくはあきらめた」

野坂さんは呆然と収容室から出ました。さらに、養母は全身に及ぶ火傷を負い入院。祖母がその付き添いをしていました。

義妹と疎開

野坂さんは一歳二か月の義妹と、知り合いがいる福井県の春江町に疎開することになりました。そのとき、養母がかなりの現金を渡してくれましたが、当時、お金はほとんど役に立たなかった。物を売っている店がないからです。

この旅の途中、野坂さんは畑の胡瓜《きゅうり》やトマトやジャガイモを盗み食いしました。でも、妹は日々、衰弱していってしまう。身を寄せた家で野坂さんは、自分と妹のために自炊を始めた。借りた七輪と鍋で煮炊きをしたんです。

「気まぐれな主食の配給は、脱脂大豆の粉、大豆カス、高粱《コーリヤン》、しなびた芋、たまにフスマの方が多い小麦粉」

それらを鍋に入れて、とにかく煮る。でも、大豆カスと高粱はいくら煮ても硬いまま。野坂さんは、それを口に含み咀嚼《そしやく》して、妹に食べさせようとしたんです。

「気持の上ではそうでも、フッと呑みこんでしまうのだ。二度、三度繰り返すと、後は開き直って、妹の分まで平らげ、罪の意識はない」

野坂さんの記述です。飢餓状態でした。育ち盛りの少年の生命力を、咎められる大人はいないでしょう。

妹は骨と皮に痩《や》せ衰え、見た目、眠るように息を引き取った。昭和二〇年、八月二一日の夕刻。家を焼かれてから三か月、野坂さんと妹、二人だけの避難生活の果てでした。一緒だったのはノミとシラミだけ。

「ぼくは、駄目と判っていて、医者まで、妹をかかえ走った」

そのときの野坂少年の心細さを思うと、居たたまれません。医者の診断は「腸炎」。成人の場合は「肺炎」として、「栄養失調」はお上《かみ》が認めなかったと、野坂さんは後になっ

て知ったといいます。もう一つ、野坂さんが後で知ったのは、

「B29の都市焼尽戦術は、まず焼夷筒を、密度高く撒《ま》き、消火のため壕から出て来た人員殺傷の目的で、小型爆弾を投下した」

ということでした。一四歳だった野坂さんは、病院から亡骸を抱えて避難先の家の横穴壕《ごう》に戻りました。その日の夜遅く、地元の男二人が桶を運んできた。座り込んでいる野坂さんの前で、妹は肌着を脱がされました。

「燃え難いから裸にさせんとな」

男の言葉を野坂少年は、骸骨に近い妹の屍《しかばね》とともに忘れることができませんでした。桶の中に屍を座らせ、大豆の殻をたくさん入れた。燃えやすくするためでした。

翌日、病院で死亡診断書を、次に役場で火葬許可書を、さらに薪炭《しんたん》配給所で炭一俵と薪三把を求めました。そこでリヤカーも借りた。

妹の屍を収めた桶と薪と炭をリヤカーに乗せ、野坂さんは一人で教えられた火葬場へ向かいました。あぜ道はぬかるんでいて、リヤカーを引くたびに泥が跳ね上がった。水田の中に高さ一メートル、畳一畳ほどのコンクリート製の鉄枠があった。それが火葬場。側面

にある焚口に桶などを入れ点火。間もなく野坂さんは悪臭を放つ下痢に襲われ、田の水でお尻を洗ったといいます。

炉の内部が熾《おき》になるのを待ち、また一人で妹の骨を拾いました。四散して貝殻のように小さかった。それを集め、胃腸薬「アイフ」の空き缶に入れた。コトリとも音を立てずに収まったという軽さでした。その記憶力の鮮明さと多感な少年の感性で、『わが桎梏の碑』には、こうした体験が赤裸々に綴られています。残酷《ざんこく》です。

さらに、少年時代に空襲を体験して生き延びた人間の心情を、

「一種のニヒリズムに支えられた同士のような、いくらうわべを飾り立て、うまいこといいのええことしいも、一夜明ければパァーといった感じがあるのではないか」

と、野坂さんは表現しています。それが同世代の思想や価値観の底にあるのではないか。そう思いながら野坂さんは戦後を生きてきました。

盗みと飢餓恐怖症

野坂さんは妹の骨を入れた缶を、肩から下げる鞄《かばん》にしまい避難先の福井を出ました。昭

和二〇年の八月三一日、大阪の寺方《てらかた》に一人で帰ることにしたんです。寺方は義理の祖母と養母が親族を頼り疎開していた場所。野坂さんは爆撃を受けた日から妹の死亡した日まで、ほとんど無感動と上の空で過ごしたといいます。

ただ、空腹感だけは別でした。京阪電鉄の千林《せんばやし》駅で降り、家まで歩いて帰る間、空腹を満たす食べ物屋を探しました。民家の戸を明け放した土間に、七輪を二つ並べなにかを焼いていた。その横にしゃがんでいる老婆に促され、なにも考えず金網で焼かれた花札くらいの白っぽいものを口にした。さらに勧められるまま、にごり酒を飲んだそうです。

野坂さんは千鳥足で祖母と母の住む家に辿り着きました。

「伶子、死んじゃった」

野坂さんは低い声で何度も呟きました。土間のたたきに立ったままでした。靴を脱ぐため身をかがめ、立ち上がろうとしたとき嘔吐《おうと》。吐いたものの中に、さっき食べた豚の臓物が白く浮かんでいました。

ミカン箱に新聞紙を貼《は》った、仏壇らしきものが部屋にありました。若い父の写真が奥に飾られ、蠟燭《ろうそく》立てと香炉が備えられていた。そこに妹の骨を入れた缶も置かれた。そのとき、妹の骨はすべて灰。野坂さんが肌身離さず持ち歩くうち、砕けて灰になってしまったんです。栄養失調の幼い骨はそれほど脆《もろ》く儚《はかな》かったんです。祖母と母が合掌していました。でも、野坂さんは一度も、妹の冥福《めいふく》を祈ったことがないと気づきます。

〝かわいそうな伶子。何のために生まれてきたんだろう〟

妹を火葬した日、夕暮れが迫る頃、町に戻った野坂さんは初めてそう思った。灯《あか》りがあちこちに燈《とも》っていました。その日、お上が燈火管制の解除を言い渡したからです。家々から漏れる灯りで空が微《かす》かに明るい。でも、灯りは飢えの足しにはならない。その憤りと切なさが胸に迫ってきた。伶子はなんのために生まれたんだろう。その答えが見つけられない限り、野坂さんは妹の冥福を祈る気持ちになれなかったんでしょうね。

親許に戻った野坂さんは中学に通い始めます。神戸の灘《なだ》や三宮の駅周辺にはすでに闇市が開かれていました。学校には三日行っただけで、あとは闇市《やみいち》をほっつき歩いた。養母が洋服ダンスに隠した貯金通帳を持ち出し、お金を勝手に下ろして買い食いを始めたんです。

「コッペパン、一ケ三円、握飯も同じ、ぼくは何度も雑踏を往復しながら、ひたすら食べつづけた」

「口の中に何かあれば落着いていられるが、のみこんだとたん不安感に襲われる」

野坂さんは飢餓恐怖症でした。妹の餓死を見届けた一五歳の少年の行動です。その心理を思うと胸を衝かれます。

さらに、父母の衣服を古着屋に売り飛ばすだけでなく、家庭教師を頼まれた友人宅からもお金を盗みました。盗みはエスカレートしていった。一六歳の秋、養母が気づき半狂乱となり警察に訴えると言い出したんです。野坂さんを疑ったのではなく、近所の誰かに盗まれたと信じきっていた。地主が、

「大事《おおごと》にせんとき、ややこしくなるだけや」

と仲裁に入り、この件はウヤムヤになりました。

誰も野坂さんを叱《しか》ってくれなかった。自分が養子だと知ったのは一一歳のとき。旧制中学に提出する書類を何気なく見たためです。不思議に動揺はなく、むしろ合点《がてん》がいった。この家で一度も叱られたことがなかった。なにかをねだったこともない。

「親に対し、よい子ぶらないと、大袈裟にいえば見棄てられるという怯えは、この以前からのもの」

そう野坂さんは書いています。それだけ神経が鋭敏で感受性の強い子どもだったのでしょう。他の家とどこかが違う、と薄々感じる家庭環境でした。

多摩少年院東京出張所

中学を卒業した野坂さんは働き始め、いろいろな仕事をしました。新聞のホルダー販売、英文のタイプライターの教本セールス、鉄工所の作業員などです。それで貯めたお金を持ち一〇月に家出。東京に住む祖母の家を目指しました。子どものときから神戸の両親に連れられ、二年に一度の割で東京へ遊びに行っていた。そのとき、何度か祖母の家を訪ねて、顔は知っている程度でした。

雑踏の中、午後六時頃から大阪駅に並び、翌日の午前六時発の東京行きに乗車。

「戦後の混乱の中でも、とにかく国鉄は動いていた」

と、野坂さんは言っています。

「高校受験の下調べに来た」

そう嘘《うそ》をついて、野坂さんは目黒の祖母の家に転がり込みました。長居をする気はなかったとはいえ、目についた箪笥《たんす》長持《ながもち》は宝の山でした。働いて返そうと自己弁護をしながら、目ぼしい着物を盗んで古着屋に持ち込んでしまいました。でも、骨身に浸み込んだ飢餓恐怖症のため、また買い食いに使ってしまった。一応、祖母の家を出て近くの旅館に滞在し、アルバイトを始めたものの長くは続かなかった。そこでまた祖母の留守を見計らい、何度か盗みに入ったんです。

東京へ来て約一か月後、祖母の家の二階にいるとき警官に踏み込まれて逮捕。盗みに気づいた祖母が人を頼み、野坂さんの行動を監視していたからです。警察に連行されて多摩少年院東京出張所へ送られた。当時、関東の少年院はどこも満員でした。敗戦直後の少年たちは孤児も多く、食べるために盗まざるを得ない状況もあったんです。

この少年院の二階にある一〇畳ほどの部屋に、野坂さんは収容されました。天井からぶらさがった裸電球。床は板張り、窓は吹きさらしの鉄格子。毛布は一人一枚。すでに一二人がいて、野坂さんを含めて三人が加わった。劣悪な環境でした。さらに食事は貧しかった。アルミの茶碗に高粱飯、塩汁、昆布の佃煮《つくだに》二、三切れ。

後に野坂さんは、ナチスの強制収容所のユダヤ人やアフリカの飢えた子どもを見ると、この少年院のことを思い出すと語っていたからです。皆、痩せこけ骨ばっていました。

「ここで過ごした二カ月弱のうちに十人増え、三人が死んだ」

野坂さんが一七歳のときの秋でした。

幸いにも、実のお父さんが身柄を引き取りに来てくれ、この少年院から野坂さんは抜け出すことができました。

鶏郎さんに抜擢《ばってき》

当時、野坂さんの実のお父さんは新潟県の副知事でした。その公舎に連れて行かれ、風呂に入った後、卒倒。広い畳の間に寝かされ、目が覚めたとき豪華な食事が用意されていました。でも、炊き立ての白米の匂いをかいで嘔吐。激変する環境に身体がついていかなかったんです。

二〇歳になった野坂さんは早稲田大学に入学するため上京します。やがて楽譜を写し取るアルバイトを始めて、鶏郎さんの事務所にそれを届けるようになった。たまたま事務所の大掃除の日に来て、見かねてそれを手伝った。というのも、鶏郎さんは月に一回、大掃除をしろと僕たちに言っていました。でも、誰も率先してやる人間はいなかった。野坂さんは子どものときから、神戸の祖母に掃除の仕方を躾《しつ》けられていたんです。

「君、掃除の天才だねぇ」

鶏郎さんからそう褒められてマネージャーに抜擢された。当時、野坂さんは人と口をきくのが苦痛でした。打ち合わせのときはもっぱら鶏郎さんがしゃべり、

「どっちが、マネージャーか分からない」

と、よく文句を言われていました。

さらに、鶏郎さんが立ち上げた「冗談工房」の経理担当になった野坂さんがお金を使い込んだ話は前に書きました。その真相を野坂さんは『風狂の思想』という自著に詳しく書いています。要約すればこうです。

「約二か月後に収支決算してみると、なんと二五、六万円も余っていた。なぜこんなに儲かっているのか分からない。小切手も初めてなら、金銭勘定もしたことがない。腑に落ちぬまま、儲かったことを鶏郎さんに伝えた。

『君はなかなか凄腕《すご》だね。儲けの半分は君が自由に使っていいよ』」

そこで野坂さんは高級酒場に連日通い、じゃかじゃか服をつくり、僕らスタッフにもお揃いのレインコートを買ってくれたんです。

それから一年以上が経ったとき、野坂さんは鶏郎さんに呼ばれました。

「仕事場を新しく借りたい。そのために一〇〇万円ほど必要だから、至急持ってきてくれ」

そう頼まれました。

「そんなお金、ありません」

「僕のお金があるだろう」

二人でそんなやり取りをするうち、野坂さんはやっと気づいたんです。本来なら鶏郎さん個人の収入である音楽使用料を、「冗談工房」の収入に加えてしまっていた。だから、利益が凄かったんです。それを知った鶏郎さんは烈火のごとく怒ったといいます。

この使い込みが発覚して野坂さんはクビ。でも、鶏郎グループからは放逐されず、コントグループに異動という温情裁定でした。というのも、この事件が発覚する半年前、野坂さんがある雑誌に「マネージャー泣き笑い」という原稿を書いていた。それを読んだ鶏郎さんが言ったんです。

「君は作家になったほうがいい」

しかも、鶏郎さんはそれをちゃんと覚えていたんでしょうね。

「悪徳マネージャーを、あらためてコント作家として拾ってくれた」

野坂さんはそう話していました。

『火垂るの墓』

そして、鶏郎さんの見立て通り、野坂さんは三一歳のとき『火垂るの墓』と『アメリカひじき』により直木賞を受賞。

「どうにか文壇のはしっこに席を得たと、喜んだ。放送作家、CMソングの作詞家、プレイボーイ、電波の寄生虫、黒眼鏡の男が、それまでのレッテル。一夜でひっくりかえり、いかがわしいふるまいは、照れ屋のせい、シャイネスのあらわれ、黒眼鏡に隠された目は、やさしく気弱な少年のそれ、うわべ放埒《ほうらつ》無頼《ぶらい》、根は真面目」

野坂さんは醒《さ》めた目で、受賞後の世間の評価をそう綴っています。

確かに、野坂さんを作家として有名にしたのは『火垂るの墓』です。いうまでもなく、野坂さんと妹の実話がもとになっています。妹の年齢が言葉を話せる四歳、優しい兄という設定、などは虚構だと野坂さんは言っています。しかし、

「妹のせめてものなぐさみにと、（＊編注　蛍）数匹をとり、蚊帳《かや》の中に放ったことは事実」

そんな優しい兄でした。

作家として名声を得た野坂さんは、政治家になったり歌手になったりと多面的な活動を続けました。歌手には本気でなりたかったらしく、銀座のシャンソン教室に通い、発声も個人レッスンを受けていたんです。

でも、いつも一緒だったのがお酒。本人も言っているようにアルコール依存症でした。野坂さんは妹の死に対して、罪の意識はなかったそうです。あの戦時の食糧難に投げ込まれたら、幼く弱いものがまず犠牲になるのは自然です。『火垂るの墓』は妹への贖罪《しょくざい》のために書いた、そう思われることを嫌がっていました。

「ごくうわっつら、ごま化しの償い行為であったように思う」

戦争の罪を、野坂さんは一四歳のときから背負わされてしまったんです。つまり、妹の死は償えるものではないと言っています。

七二歳のとき、脳梗塞《こうそく》で倒れ、以後、いっさい表舞台に立ちませんでした。いくつかの雑誌に連載は続けていました。僕の『土曜ワイド・ラジオＴＯＫＹＯ・永六輔その新世界』という番組に、「野坂昭如からの手紙」というコーナーがあり、それも続けてくれました。そんな手紙の中で僕が一番好きなのは、

「二度と、飢えた子どもの顔を見たくない」

という言葉です。

リハビリを続けながら、八五歳で永眠。

「どちらが先に死ぬか分からないけど、残ったほうが葬儀委員長をする」

そんな約束を野坂さんと僕はしていました。それで葬儀委員長を引き受けた。一応、僕は子どもの頃から父のお経を聞いて知ってはいますが、人の葬儀の際、実際にお経をあげたことはありません。でも、野坂さんには読経をさせてもらい、冥福を祈ってお別れしました。

第七章　昭和の知性

やなせたかし

これまで僕はたくさんの人々に出会ってきました。ここでは、特に昭和を代表する知性と行動力を持った人々のことを紹介します。

僕が知己を得られた人だけですから、他にもっと大勢いるのは当然です。しかも、有名、無名を問わず、一人ひとりが自分の伝説をつくりながら生きている。そういう想いも僕にはあります。

漫画家のやなせたかしさんといえば『アンパンマン』の生みの親として有名です。そのアンパンの中身のアンコはなにか。僕はこしあんが好きなのでこしあんと言いましたが、やなせさんは絶対に粒あんだと譲りませんでしたね。

「永さん、それには理由があるんです。たくさんの粒がないといけない。たくさんの人がいて、一つのことができるんです。こしあんにしちゃうと一粒ひとつぶが残らないでしょ」

やなせさんに言われました。だから、アンパンマンは粒あんでなければダメだと、僕も分かりました。

前にも書いたように、やなせさんとの出会いをつくってくれたのは丹下キヨ子さん。僕の名前を初めて活字にしてくれた記者がやなせさんでした。そのお礼と言ったら変ですが、『見上げてごらん夜の星を』というミュージカルをつくったとき、舞台美術をお願いしたんです。

昭和三五年（一九六〇）の夏、大阪で初演されました。まだ日本にミュージカルが定着していなかったため、いずみたくさんに頼んで実現した舞台でした。夜間高校生たちの青春を描いたミュージカル。中学を卒業して、東京に集団就職する子どもたちが多い時代でした。彼らは夜間高校へ通って学んでいたんです。

この舞台のとき、僕がたくちゃんにやなせさんを紹介しました。ただ二人を会わせただけですが、それがきっかけとなり『手のひらを太陽に』というヒット曲が生まれた。やなせさんが作詞して持って行ったものに、たくちゃんが曲をつけてくれた。人の縁ってこうして繋《つな》がっていくんですね。

やなせさんは大正、昭和、平成を生きた人です。二二歳のとき、徴兵されて中国大陸へ送られ、敗戦後、復員。高知の新聞社に勤め始めましたが、漫画家の夢を諦《あきら》められなかった。二八歳で上京して三越に入社。宣伝部のグラフィック・デザイナーとして、今でも使われている包装紙の文字のレタリングをしました。その傍ら、いつか漫画家として世に出たいと願いつつ、頼まれた仕事はなんでも受けていたといいます。イラストとか舞台美術とか放送作家とか……「困ったときのやなせさん」と皆から重宝がられていた。そして独立しても大丈夫というある程度の目処《めど》をつけ、三四歳のとき退社してフリーになった。

でも、漫画家としてはヒット作に恵まれず苦労したんです。『見上げてごらん夜の星を』の舞台美術をお願いしたとき、やなせさんは四〇代初めの頃で、まだまだ美術関係の仕事をいろいろしていました。

『アンパンマン』はやなせさんが五〇歳のときに描いたものです。

「永さん、僕はもっと若いときに漫画家として世に出たかった。でも、遅く世に出た人はなかなか潰《つぶ》れないでしょ。こんなことしていていいのか。若いときにあれこれ悩んでいたことが、みんな役に立っている。無駄なことって一つもないんですね」

当時、やなせさんはそう話していました。それでも、この『アンパンマン』は大人向けだったため最初はヒットしなかった。それが、だんだんと子どもたちの間で人気者になったんです。『それいけ！アンパンマン』としてアニメになり、テレビで放映され人気に火がつきました。

戦争体験者の心の叫び

アンパンマンはスーパーマンのような超人的なヒーローではありません。困っている人に食べ物を届ける。あるいは飢えた子どもに自分の顔をちぎって差し出す。それがアンパンマンです。戦中戦後の貧しい食糧事情を体験したやなせさんだからこそ描けたものといえます。

「人生で一番辛《つら》いのは、食べられないこと。究極の正義とは、飢えた人をなくすこと」

やなせさんの言葉です。野坂昭如《あきゆき》さんが、

「二度と、飢えた子どもの顔を見たくない」

と、言うのと同じなんです。戦争体験者の心の叫びなんです。

アンパンマンはいつも明るく元気ですが、やなせさん本人は病気がちでした。心臓にはペースメーカーを入れていましたし、膀胱《ぼうこう》ガンは何度も再発した。腸も膵臓《すいぞう》も手術して一部を切除。それでも、九二歳まで現役として仕事を続けた。さすがに引退を考え、その準備を始めたとき、東日本大震災が起きました。

「アンパンマンが助けに来てくれる」

「(震災後)アンパンマンを見て、子どもたちに笑顔が戻りました」

そんな声がやなせさんに寄せられたそうです。すぐにやなせさんはポスターを描き下ろすなどして、子どもたちを励ましました。満身創痍《そうい》の身体にもかかわらず九四歳で亡くなるまで現役でした。

「正義って、普通の人が行うものなんです。偉い人や強い人だけが行うものではないのね。普通の人が目の前で溺《おぼ》れている子どもを見て、思わず飛び込んでしまうような行為を言うんだと思う」

これもやなせさんの言葉です。だから、アンパンマンはこしあんではなく粒あんなんです。僕らはそれを忘れず、伝えていかなければいけませんね。

住井すゑ

「永さんを、男にしておくのは惜しい」

作家の住井すゑさんから何度か言われたことがあります。

「女にしておくのは惜しい」という言葉は、世間でよく使われてきました。これは女性に対する差別です。すゑさんはこれを逆手にとって、「男にしておくのは惜しい」と言うんです。僕は嬉《うれ》しかった。中年過ぎた男は、おばさん化したほうがいい、と思っていましたからね。

日常生活において男も自立する。料理や洗濯、掃除くらいはできたほうがいい。女の平均寿命が男よりかなり長いのは、この自立が身についているのも一因だとされています。女房に先立たれた後、「男やもめに、うじが湧《わ》く」では寂しいでしょ。

すゑさんは明治生まれで、九五歳という長寿を全うされた。明治、大正、昭和、平成を生き抜いたんです。そして、ライフワークの『橋のない川』という小説を昭和三二年（一九五七）から書き続けました。一部から七部までを完成させ、八部はタイトルだけが残されていた。部落問題をテーマにしたものです。

このすゑさんと僕の出会いのきっかけは、精神科医の北山修先生。はっきりとは覚えていませんが、昭和四〇年代、たまたま京都の岡崎公会堂（現京都市美術館別館）で、北山先生と一緒に舞台に立ちました。彼は学生のとき、若者たちから絶大な支持を得ていた「ザ・フォーク・クルセダーズ」というバンドのメンバー。そのコンサートの後で、「『水平社宣言』を最初にしたのが、この舞台です。中庭に石碑があります」

北山先生がそう言って僕を案内してくれた。この宣言とは言うまでもなく部落解放運動のため、当事者たちが決起して全国水平社を創立したときの告文。

「人の世に熱あれ、人間に光あれ」

という最後の文章は有名です。これを書いたのが西光万吉《さいこうまんきち》さんだと知り、当時、和歌山に住んでいらした御本人を訪ねました。西光さんは『橋のない川』に登場する、お寺の息子のモデル。それが縁となり西光さんがすゑさんを紹介してくれました。すゑさんは茨城県の牛久町（現牛久市）に住んでいて、その御自宅へ僕は何度も遊びに行くようになった。水平社宣言を誰が書いたのか。「人間に光あれ」の「人間」をなんと読むのか。それについて話をしました。

「こういうことは、もっと広く知らせないと。みんな〝にんげん〟と読んでいますから……」

と、すゑさんも嘆いていました。西光さんは「人間」を、「じんかん」と読む仏教用語を用いた。すべての命は平等で、そのすべてに光をという意味です。西光さん自身、この読み方がなかなか浸透しないと、相当気にしていました。

阪神・淡路大震災

西光さんが亡くなって二五年目の平成七年（一九九五）冬、故人を偲《しの》ぶ集まりがあり、すゑさんと僕は和歌山へ一緒に出かけました。その夜、僕は泊まらずに東京へ戻ろうと思っていた。

「せっかくいい女と旅先にいるのに、一緒に寝ようよ。泊まりなさいよ」

すゑさんから誘われて、枕を並べて寝ました。すゑさんは九三歳。次の朝、地震で目が覚めたら、あの阪神・淡路大震災をテレビが報じていました。

「街が滅茶苦茶になっている。永さんも私も戦争の経験があるから、なにかしなければいけない。知っている人たちに電話して、ボランティアの組織をつくりましょう」

すゑさんはすぐさま行動を起こしました。僕も手分けして、知り合いに電話をかけ続けた。あのときのすゑさんの組織力、行動力は見事でした。それが「ゆめ風基金」にも結びついていいます。あの地震で被災した障害者を支えるためにつくられたNPO法人。この法人は今でも活動を続けていいます。自然災害に遭った障害者に、必要なときに必要なもの、人、お金を届ける。最も困っている人を優先する、というのが活動の趣旨です。

すゑさんは戦後、部落や女性差別などの問題に取り組んでいました。その眼差《まなざ》しは常に虐げられた人や社会の弱者に向けられていた。作品だけでなく、行動もしていました。戦時中、軍部に協力する文章を書いたくせにという批判もあった。でも、それはすゑさんに限ったことではなく、著名な女性の作家たちも同様でした。いわんや男性の作家はもっと多かった。ひとたび、戦争が始まると、それに反対するのは至難の業《わざ》です。

だから、すゑさんはその反省も含め、戦後ずっと自宅を改築して建てた「抱樸舎《ほうぼくしゃ》」で勉強会を開き、人間の平等について考え、訴え続けていました。

「この世の中、男と女はだいたい同数でしょ。だから、全ての半分は女に任せなさい。そうすれば男も楽になれる。男の気取りが自分たちを不幸にしているのよ」

と、すゑさんは言っていました。そういうわけで僕は男にしておくのが惜しいそうです。

宮本常一《つねいち》

この人を「旅の師匠」にしたいと、僕が勝手に思い決めたのが宮本常一さん。『忘れられた日本人』の著書で有名な民俗学者です。離島や孤島を含め日本国中をくまなく歩き、打ち捨てられた底辺の人々や古民具などに光を当てました。

宮本さんと僕の縁を結んでくれたのは佐渡島でした。昭和四六年（一九七一）、この島に「鬼太鼓座《おんでこざ》」という和太鼓のグループが結成され、その旗揚げに力を貸したのが宮本さんです。僕も支援を始めました。それで、佐渡の小木港に行ったとき、初めて宮本さんに会えたんです。もちろん以前からその名前は知っていました。すでに大先生でしたから、周りにお弟子さんや信奉者がたくさんいて近寄れない感じでした。だから、宮本さんが一人になったときを見計らって声をかけたんです。そしたら、

「一緒に歩こうよ」

そう誘ってもらえて、二人で歩いた。

「この辺に泊まろうか」

しばらくしたら、宮本さんが辺りを見回して言ったんです。そして、ごく普通の民家の玄関に立って、

「旅の者でございますが、一晩の宿を貸していただけますでしょうか」

まるで時代劇の台詞《せりふ》みたいなことを口にしたんです。僕は知り合い相手に冗談を言っているのかと思いました。ところが、本当に知らない人だった。他所《よそ》の家にいきなり飛び込んで泊まる度胸なんて、僕にはありません。

「いいです、いいです。帰ります」

と逃げようとした。そしたら宮本さんが、

「いいじゃないか。一緒に泊まろうよ」

平気な顔で言うんです。それで泊まりました。

結果的に良かったのは、宮本さんの原点を見られたことです。その家の作法に染まるというか、村の作法に従っちゃう。滲《し》み込むように、佐渡の小さな漁村の家に馴染《なじ》んでしまう。最初はまずお茶を一杯。そのお茶がお酒になって、つまみが出てきて、いつの間にや

らご飯になって、そのまま泊まってしまう……それが平気な人でした。

後で聞いたら、宮本さんは瀬戸内海の周防《すおう》大島の出身。島の人々は皆、顔見知りで、親戚同様という育ち方をしていた。僕は知らない人の家にお邪魔するのは、失礼だという育ち方をしています。本当にびっくりした。

「一番高いところに登れ」

宮本さんは人からお金をもらうと、あたり前のようにそれを使ったそうです。日本中を旅するにはお金がかかります。渋沢敬三という財界人の後ろ盾があって、初めてできたことだと言われています。宮本さんの貯金通帳にこの財界人からお金が振り込まれる。それをごく自然に平然と使っていた。羨《うらや》ましいですね、僕にはできません。それができるのはやはり才能の一つと言えます。

「どこに行ってもいいから、その町、その村、その里の一番高いところに登れ。そうすると全体が見渡せる」

宮本さんからそう教えてもらいました。それ以来、旅に出たときはこの教えを一番大事にしたんです。宮本さんの生家を訪ねて、この言葉が納得できました。すぐ近くに丘があって、少年時代の宮本さんはよくそこに登り、村々を眺めていたそうです。

「放送の仕事をするなら、電波が飛んでない先にも行ってくれ。そこで考え見たものを、スタジオに持って来て伝えて欲しい」

とも言われました。『六輔さすらいの旅・遠くへ行きたい』というテレビ番組をつくっていた僕は、この言葉を念頭に置いて番組づくりをしたものです。

宮本さんが亡くなった後、宮本さんみたいな後ろ姿だなと思ったのは小沢昭一さんです。あの人も風景に馴染んじゃう。誰も小沢昭一だと気づかない。町並みや風景やそこにあるものの中に、ごく自然に入って行ってごく自然に現れる。宮本さんのそういうところを真似しようと、僕なりに頑張りました。でも小沢さんは真似しようとしまいと関係ない。飄々《ひょうひょう》と「芸能界の宮本常一」でしたね。目指す地点に多少の違いがあっても、二人とも同じ風の中に立っている感じが僕にはします。

筑紫哲也

人と人を結びつけ、なにか面白いことを企画する。ジャーナリストの筑紫哲也さんにはそんな才能もありました。テレビに出ている笑福亭鶴瓶《つるべ》さんを観ると、僕は筑紫さんを思い出します。というのも、まだ鶴瓶さんが新人の頃、筑紫さんが僕に、

「笑福亭鶴瓶って知っている?」

と聞いてきたんです。「知っているよ」と答えたら、

「永さんと鶴瓶さんの二人の漫才を見たい。それをジァン・ジァンでやりたいんだ」

筑紫さんからそう言われました。

「やるのは、構わないよ」

と、僕は答えました。結局、お互いのスケジュールが合わなくて実現しなかった。いまだに鶴瓶さんとは会ったことがない。でも、彼をテレビで観ると筑紫さんを思い出します。

筑紫さんと僕の出会いは、彼が新聞社の若手記者としてラジオの番組を取材に来たとき。その後、昭和五〇年代、たまたま僕がやっていたラジオ番組を、彼が引き継ぐことになったんです。放送の世界は未経験だった筑紫さんから、しばらく自分に付き合って欲しいと頼まれた。それで何回か一緒に番組をやったんです。当時からヘビースモーカーでした。

新聞記者のイメージの一つに、くわえ煙草《たばこ》がありますが、彼はまさにそうでした。

政治部や外報部を経て、昭和五九年（一九八四）四八歳のときに「朝日ジャーナル」の編集長に抜擢《ばってき》された筑紫さんは、若者に光を当てる企画を次々に考えて、「新人類」という言葉も流行《はや》らせました。鶴瓶さんと漫才をしないかと、僕に持ちかけてきたのもこの頃でした。知らない人間同士を合わせて繋ぐ。その才能をこの雑誌でも発揮していました。

筑紫さんは作家の水上勉さんとも仲が良かったんです。水上さんが私財を投じて故郷の若狭（福井県）に「若州《じゃくしゅう》一滴文庫」をつくってからは、その運営にも力を貸していました。水上さんが蔵書二万冊を寄贈した図書館や、竹人形館や劇場などがある施設です。

「一滴文庫」の名前の由来は、水上さんと同じ若狭出身の儀山《ぎさん》善来という禅僧のエピソードからつけられました。ある日、儀山禅僧が風呂に入ると、あまりに熱かったので小僧に水を持って来させた。小僧は手桶《ておけ》で水を運び、ちょうどいい湯加減にした後、余った水を風呂桶の外にパッと捨てた。

「もったいないことをするんじゃない。日照りで草木が泣いておる。その声が聞こえなんだか。なぜ、二、三歩ほど歩いて、草や木の根に、水をかけてやらなんだ。枝になり、花になるが」

と、儀山禅僧は小僧を一喝したという話。

水上さんの故郷は水が乏しく、天水を貯め、飲み水や風呂の水に使っていた。農民は干ばつに苦しめられ、貧しさから故郷を去らねばならない若者も多かった。儀山禅僧も水上さんもそうした体験があったんです。

原子力発電

そんな哀しい風土に誘致されたのが原子力発電。原発建設に伴いインフラは整備され、この土地の水不足は解決した。でも、福島の原発事故で証明されたように、住み慣れた家を追われ、見えない放射能に怯《おび》える危険性が原発にはあります。水上さんの地元も賛成派と反対派に分かれて、ずっと対立が続いてきたんです。

水上さんはその故郷に「一滴の水」を大切にするという生き方を、伝承していきたいと思ったんでしょうね。筑紫さんもその考えに共感していた。電気を使わずに蠟燭《ろうそく》の灯《あか》りだけで上演する竹人形劇をはじめ、小さな会を熱心に続ける水上さんを応援していました。

ところが、原発賛成派は水上さんたちが開くこの会の日にぶつけて、演歌歌手や芸人を呼んでコンサートを開くんです。電力会社の支援があるから、入場は無料。そっちのほうに人が集まってしまう。

人を集めたいと筑紫さんに相談された僕は、淡谷のり子さんに「一滴文庫」でコンサートをやってもらうことにした。で、淡谷さんを呼ぶなら一緒に高橋竹山《ちくざん》さんと共演してもらうことにしました。お二人のこのコンサートにはたくさん人が集まったんです。

だから、筑紫さんを思い出すと水上さんも思い出します。対立や憎しみの連鎖ではなく、人と人を繋ぐ出会いの連鎖をつくりたい。筑紫さんはそれを実践していた珍しいジャーナリストでした。記者にとって一番怖いのは、権力に遠慮して自主規制をしてしまうこと。それは自由社会のジャーナリストではないとも言っていました。

水上勉

その「一滴文庫」でのコンサートの後の話です。

「淡谷のり子さんと、一度ゆっくり話をしてみたい」

と、水上さんに頼まれたんです。昔から淡谷さんの大ファンでした。

水上さんは大正八年(一九一九)の生まれ。家が貧しく、わずか一〇歳で、京都の禅寺に小僧として預けられました。雑用や修行に追われ、束縛された一〇代でした。ときどき、息詰まる日常から脱走したくなり、夜中に寺を出て先斗町《ぽんと》界隈をほっつき歩いたそうです。するど、どこからともなく淡谷さんのブルースが流れてきた。水上少年は足を止め、その歌声に聴き入ることが多かった。

出家しようか悩み続けていた少年にとって、その歌声はいまだ知らない自由な世界と自分を結びつけてくれる唯一のものだった。だから、淡谷さんは水上少年の憧《あこが》れであり、夢でもあったわけです。

そのことを僕が淡谷さんに伝えたら、高齢で脚腰がかなり弱っているのに、

「私が、会いに行くわ」

と、意気に感じて自分が出向くと言ってくれた。それで、駅に車いすを用意して水上さんが出迎えるという段取りにしたんです。

「淡谷さん、僕は日本一、車いすを押すのが上手《うま》い作家です」

水上勉さんが淡谷のり子さんにそう言ったんです。それまで、「そんなもの、私には必要ないのよ」と、言い張っていた淡谷さんが、素直にうなずいて車いすに座りました。傍にいた僕はさすが作家だなと、水上さんの言葉に感心しました。今は原発だらけの若狭の故郷の駅でした。

水上さんの故郷は、いつも水不足に悩む不毛の土地でした。ほとんどの家が口減らしのために、幼い子どもを奉公に出していた。戦後の高度経済成長からも、見捨てられた土地です。そこに持ち込まれたのが莫大《ばくだい》な助成金がつく原発の建設。その賛否を巡り村は真っ二つに割れてしまった。こうした風土を肌で知っていた水上さんは、単に原発反対と声高には言えなかったんでしょうね。だから、儀山禅僧の教えを伝えたかった。

「この土地で掘り起こさなければいけないのは、故郷の先達《せんだつ》のこういう精神。大量のエネルギーの消費を支える原発などの場にすべきではない」

と、話していました。その一方、都市生活者には、

「あなたたちが使っている電気は、私の故郷でつくられています」

そう訴えていました。

さらに、平成になってから『故郷』という小説を書きました。原発によって荒廃する故郷が舞台。その中で原発の根源的な問題を、登場人物の一人にこう語らせています。

「五十年使ったあとの、原子炉が、六百年もくすぶって残る。……燃える棺桶だ」

「（＊編注　廃棄物の）捨て場所が国内にはない。……将来どこへ捨てるのだろう」

これらの問題はいまだに解決されていませんよね。

水上さんは小説を書くために生き続けた人といえます。文学を志して寺を出て、国民学校の助教をはじめ、編集者、服の行商などを続け、四二歳のとき『雁の寺』で直木賞を受賞。その後、次々に『飢餓海峡』『五番町夕霧楼』など映画化もされた話題作を執筆。私生活では、お嬢さんの一人が車いすを必要とする病気でした。水上さんはその子に寄り添い続け『くるま椅子の歌』という身体障害者問題を扱った小説も書きました。だから、ご本人が自負する通り、車いすの取り扱いに慣れていたんです。

息子との再会

そして劇的だったのは、焼死したはずの長男・窪島誠一郎さんとの再会です。

水上さんは、二〇代のとき同棲《どうせい》していた女性との間に長男を授かりました。でも、仕事は上手くいかず、結核を患い、生活は困窮していた。見かねた近所の人が養子先を紹介してくれた。ところが、その家が「東京大空襲」で全焼。息子は焼死したと水上さんは思ったそうです。その息子が実は生きていた。

誠一郎さんも自分は養父母の子どもではない、と思いながら成長して、自力で生みの親を探し続けた。あの有名な作家の水上さんが父と知って驚愕《きようがく》したそうです。親子の対面を果たしたのは、水上さんが五八歳、誠一郎さんが三五歳のときでした。

誠一郎さんは全国を回って、第二次世界大戦で戦死した画学生の遺作を集め、長野県の上田に「無言館」をつくりました。晩年、水上さんが長野県の小諸に移り住んだとき、「故郷を捨てた」「原発から逃げた」などと一部の人々は非難したんです。でも、生き別れになった息子の近くで暮らしたいという想いがあったんでしょうね。

七〇歳のとき訪中した水上さんは、歴史的事件の目撃者にもなっています。北京の天安門に、民主化を求める学生や市民が二か月近く集結し続け、日々、広がるデモを制圧するため、最後には軍隊が出動して、多数の死者や怪我人が出た、あの平成元年（一九八九）の「天安門事件」。その惨事を、水上さんはホテルの部屋の窓辺に佇《たたず》み、無言のまま見つめていたそうです。後にご本人からそのときの話を聞きました。

深夜から未明にかけて制圧が行われ軍隊が引き揚げた。やがて美しい陽光が街を照らし始めた頃、七〇歳過ぎの老人が一人、広場にやって来て太極拳を始めた。そのじいさんと、周りの樹々に当たっている陽光がなんとも閑《しず》かに見えた。水上さんは声を呑《の》むほどの感動を覚え、初めて声を上げて泣き、バケツ一杯の涙を流した。

「人間の涙ってそんなに出るものですか」

つい僕は的外れなことを尋ねてしまいました。

「永さんは、僕の言葉を信じてくれないんですか」

目に涙を浮かべて水上さんに抗議された。この人は純情なんだと思いました。水上さんの数々の小説の底に流れているのはこの純情かもしれません。そして、その都度、その都度、自分がぶつかった壁を作品に昇華させた。だから僕は、作家として筋を通して生きた人だと思っています。

井上ひさし

作家の井上ひさしさんが、今いないのが僕は辛い。東日本大震災以来、ずっとそう思っています。その後の政治や行政の機能不全や瓦礫《がれき》の処理の遅れなど、ひさしさんならバッサリ斬ってくれたはずです。東北出身ですからね。ひさしさんの初期の代表作『ひょっこりひょうたん島』という人形劇は、東北をベースにして、中央に対して言いたいことを人形に言わせていた。戦後の日本を斬って笑った作品でした。今こそ彼に、『ひょっこりひょうたん島』の続編を書いて欲しい。

ひさしさんの代表作の一つ『吉里吉里人』も東北の寒村が舞台です。日本政府の悪政に耐えかね独立する、という物語。この小説はもともと昭和三九年（一九六四）、ＮＨＫのラジオによる放送劇として書かれたものです。それを一五年以上も寝かせて小説として発表した。

東北の人は物凄《ものすご》く根の深いところで、中央に対する反感や反権力の意識が強いんです。東京の人はあまり気がついていないけど、ひさしさんもそうでした。二〇一一年に、平泉が「世界遺産」になりましたね。ああいうやり方で何百年という歳月をかけ、東北の復権をしなければいけない。そういう想いがひさしさんの根元にはありました。

ひさしさんは昭和九年（一九三四）、山形県の東置賜《おきたま》郡にある山間の小松町（現川西町）で生まれました。五歳で父を亡くし、養父から虐待を受けて育った。その後、岩手県の一関にお母さんと移転。生活に困窮して施設に預けられ、そこから高校へ通っていました。その後、上智大学に進学するため上京。読書好きで片っ端から本や雑誌を読み、浅草に憧れていたといいます。それは宮沢賢治に繋がっているんです。賢治も東京へ来ると浅草に入り浸った。その影響もあり、ひさしさんは浅草の「フランス座」で座付き作家になった。そこで、渥美《あつみ》（清）ちゃんを通して、僕はひさしさんと知り合いになりました。

僕が最初に学童疎開したのは小学生のときで、仙台の近くの小さな温泉街だった。ここで卒業式を迎え、中学生になると勤労動員されるため東京へ呼び戻された。「東京大空襲」の時代です。子どもたちを乗せた列車が上野に向かっている最中、B29が次々に下町へ爆弾を投下し続けた。そんな話をひさしさんにしました。

すると、ひさしさんは、直接空襲には遭っていないけど、別の苦しみがあったと言うんです。労働がきつかったそうですね。大人たちが戦争に駆り出されていなくなると、労働が子どもにかかってくる。クラスに老人の顔をした子どもがいた。田んぼ仕事は本当にきつかったから、老人の顔になってしまうと。

東京の下町の学童疎開はほとんど東北でした。東北にやっかいなことを押しつける。東北を田舎者扱いする。そういう歴史は変わっていませんね。「田舎っぺ」という言葉があるでしょ。あれは東北の人を指しているんです。

「でも、上野や浅草も東北だった」

と、ひさしさんと話したことがあります。東北は蝦夷《えぞ》で、それが浅草近辺まで来ていた。だから、その地名が都内にも残っていて、ニッポリ（日暮里）はいい例です。ひさしさんにはそんな話も、小説でもテレビでもいいから語って欲しかったですね。

小説をはじめ戯曲や脚本などたくさんの作品を残した人です。ただし、すべてに遅筆で周りに大迷惑をかけた作家でした。自ら「遅筆堂」と名乗った。ひさしさんと僕は、「しゃぼん玉座」という小沢昭一さんが主宰している劇団の座付き作家をしていた。そのときもひさしさんは遅筆だった。だから、本人に、

「でき上がった作品は評価するけど、スタッフを待たせるのは良くない。役者を殺す気か」

と、抗議したことがあります。

ひさしさんが遅筆なのは、徹底した資料集めをして、念入りに目を通したからです。一つの作品にトラック数台分の資料を集める。周囲にかける迷惑は承知の上で、より完璧な作品にしたいという作家の業《ごう》に忠実だったんでしょうね。七転八倒しながら書き続けたんだと思います。

「憲法」や「東京裁判」などについても、膨大な資料を集めて勉強をしていました。日本の権力構造は、ずっと偉い官僚たちが仕切ってきた。官僚の意図するところを政治家に飲み込ませたり、アメリカに言わせたりした。だから、今の憲法もその構図から生まれた。決してアメリカのお仕着せではない、というのがひさしさんの意見でした。

もちろん戦争を放棄する憲法九条を守ろうという護憲派。「九条の会」の呼びかけ人の一人です。でも金輪際、憲法を変えてはいけないとは思っていなかった。変えるなら徹底的に変える。戦争ができる国にするのではなく、徹底的に戦争を放棄する国にする。

「今の憲法の文章は、大本営の参謀たちが書いた文章と同じ。漢語が多くて意味不明なものが多い。変えるんだったら、第九条を第一条にして、うんといい日本語にする。漢字を除いて大和言葉みたいに分かりやすくする」

というのが、ひさしさんの考えの基本でした。

作家としてのモットーも、

「むずかしいことをやさしく、やさしいことを深く、深いことを面白く、面白いことを真面目に書くこと」

ひさしさんは生涯それを守り続けた人です。そして、山形県の自分の故郷に、劇場や図書館をつくる活動も熱心にしていた。生涯にわたって集め続けた蔵書のほとんどを「遅筆堂文庫」として故郷に寄付したんです。そこに僕が何度も足を運んだのは、ひさしさんがやりたかったことを伝えるため。『ひょっこりひょうたん島』を懐かしく思い出すだけではダメです。東日本大震災の翌年、春の高校野球で選手宣誓をしたのは、石巻工業の、本人も被災した若者でした。

「全力で戦い抜き、最後まで諦めない」

現地の声に自分の試合を重ねたこの高校生は、宮沢賢治や、井上ひさしに繋がっていると思いました。時間はかかっても、丁寧に辛抱強くことを成すのが東北人です。東北の復興だけでなく、復権をと願ったひさしさんの志が実現される日を祈ります。

あとがき

いかがでしたか。永六輔の友人を見る眼が十分に伝えられたと思います。

この本は、約五年がかりでまとめられました。永さんがパーキンソン病を抱えながら、愛するラジオ番組のレギュラーを続け、その合間に「てんとう虫」の連載を受けてくれた。それが土台になっています。さらに、この本には、当時、原稿に収まりきらなかった話や新たに取材した話もたくさん盛り込みました。

連載当初、永さんは自分の足でゆっくり歩いていましたが、やがて杖《つえ》になり、最後は車いすになりました。

連載を始めて二年目。いかにも永さんらしい姿勢を見ることができました。原宿のホテルでの取材が終わり、昼食をとることになった。近くの蕎麦屋でした。永さんは「表参道を歩く」と言うんです。昼下がりとはいえ、かなりの人々がいました。

永さんとすれ違う人は「あっ」と声に出して避《よ》けてくれた。道の端に立ち止まり「永さ〜ん」と嬉しそうに声をかける中年の女性たちもいました。永さんは軽く手を上げ、足元を見ながら静かにゆっくりと一歩、また一歩と歩き続け、蕎麦屋に向かいました。事務所のクルマを待つこともタクシーを拾うこともできたはずです。

老いと病を背負いながら、それを晒《さら》して毅然と歩く姿に感動させられました。虚勢がない分、しなやかで強靭な生き方が伝わってきたからです。それが永さんの反骨精神を支えてきたんだと思います。

永さんと私はもう五〇年以上の付き合いです。いろいろな出来事がありましたが、なかでも印象に強く残るのは、昭和四九年(一九七四)一二月六日、日本武道館で開催された『花の中年御三家大激突!ノーリターンコンサート』。小沢昭一(四五歳)、野坂昭如(四四歳)、永六輔(四一歳)、まさに中年の星たちでした。ちなみに、司会は愛川欽也(四〇歳)、中山千夏(二六歳)。豪華メンバーを揃えて前評判も上々でした。

〝歌で勝負しよう、ビートルズに挑戦しよう〟。これが目標《スローガン》。三人は燃えました。

歌手としての三人は、それぞれ自信満々でした。小沢さんは明治の演歌師・添田啞蟬坊《あぜんぼう》の『金金節《かねかねぶし》』とか、藤山一郎の『東京ラプソディ』など数々のヒット曲をマスターしていたし、大正・昭和の童謡を歌わせたら当時右に出るものはいなかった。野坂さんはプレイボーイ時代に銀座の「銀巴里《パリ》」でシャンソン歌手としてデビューし、丸山明宏（美輪明宏）、戸川昌子らと競演。さらに、直木賞を受賞後は、『黒の舟唄』をヒットさせ、『マリリン・モンロー・ノー・リターン』で一世を風靡《ふうび》。

永さんは中村八大、いずみたくと組んで『黒い花びら』『上を向いて歩こう』『遠くへ行きたい』『いい湯だな』など数々の大ヒット曲の作詞家として、また、前田憲男さんのライブではジャズ歌手として『マイウェイ』『マイブルーヘブン』を持ち歌としていた。

そんな彼らが一堂に会するというのだから、大層な話題にもなりました。幕を開けたら、ビートルズの日本公演以上の大入り満員。立ち見が出るほどの大盛況だった。三人が思い切り歌を披露し、観客は大いに満足したんです。

一種の社会現象のように、このニュースは全国に飛び火して、北海道から九州まで全国六都市での公演がたちまち決まりました。三人はやる気満々。プロデューサーの私は尻込みしたけれど、許してはもらえなかった。喝采ほど心持ちが良いものは、ほかにはないに違いないのです。

実を言うと、三人はライバルだから当然なのですが、互いに打ち解ける関係ではありませんでした。旅は別々だし、楽屋でもほとんど口を利かない。つまりコミュニケーションがゼロに等しいのです。私の巡業中の苦労は並大抵ではなかった。この関係は最後まで続くんですが、世間では三人は大の仲良しだと思っていたに違いありません。

表では大親友、裏では赤の他人に近いときもあったのです。疎遠を通り越して、気まずくなったりもした。それでも、御三家の絆が消えることは片時もなかったんです。

時は過ぎ、平成一五年（二〇〇三）にＮＨＫホールで『帰ってきた中年御三家』を公演することが決まりました。やっと三人の息が揃い、三〇年ぶりの待ちに待った再演でした。ところが、公演の一〇日前に野坂さんが突然、脳梗塞で倒れます。すでに前売りチケットは完売。急遽代役として中山千夏さんに出演を依頼して幕を開けました。

野坂さんの復活を待って、必ず「御三家」を実現させようと、私たちは誓い合いました。野坂さんのリハビリは真剣そのものだった。約束を守ることに全員が望みを繋《つな》いでいたのです。しかし、平成二四年（二〇一二）一二月一〇日、小沢さんが逝《い》ってしまった。「御三家」の望みはついに断たれたのです。私は永さんと共に葬儀に参列しました。私は野坂さんの黒のソフト帽をかぶった。野坂さんの代役を果たしたかったからです。

平成二七年（二〇一五）一二月九日、野坂さんが逝き、病を患い、リハビリを受けている永さんだけが残りました。車いすで、うまく呂律《ろれつ》は回らなくても、葬儀委員長は永六輔しかいないと私は思いました。永さんをようやく説得し、外出もままならない彼に祭壇の真ん前に座ってもらいました。別れの言葉を必死で述べる永さんに、会葬者全員が感動した。弔辞は五木寛之さん。シンプルで素晴らしい、文学者にふさわしい葬儀でした。

小沢、野坂を見送った永六輔。その永さんも病床にある。その胸中いかばかりか、想像するのはとても辛い。ただ、はっきりしているのは、永さんの死者に対する考え方です。

「誰かの記憶の中にある限り、その人は存在する」

つまり、死は消滅を意味しないという思想。だから永さんが生きている間は、亡くなった彼の友人たちは永さんの近くにいるわけです。それは優しさにも愛にも直結しているように思える。

この本に出て来るあらゆる人たちも、永さんの記憶の中に生きています。それを知る人は、その事実を共有できます。そこには人間関係の大切さが宿っている。そして、皆、戦争は嫌だと理屈ではなく体験として肌で感じて生きてきた人たちです。

いま日本は大きな転換期を迎えています。「国のため、国民の安全のため」という押しつけがまかり通りそうなご時勢です。戦争ができる国に変えられようとしている。だからこそ、自由と平和を願い、権力に迎合しなかった永さんとその友人たちの反骨を、私たちは伝え、かつ共有していきたいと思います。

矢崎泰久

追記

ゲラ刷りに手を入れ、校了した七月七日の昼過ぎ、永六輔さんは帰らぬ人となりました。冷たくなった永さんを前に、私は深い喪失感に襲われた。初めて永さんと出会ったのは二五歳のとき。あれから半世紀以上、ずっと一緒に走ってきた。お互いにわがままを言える間柄だったから、随分憎まれ口も叩いた。でも私は、永さんを親友だと思っていました。あなたにとって私は悪友だったのかな。

晩年、よく永さんは、冗談とも本気ともつかない口調で、こう言っていました。

「矢崎さんより先に死にたくない。何を書かれるか分からないから」

でも先に逝ってしまった。もう一つ、常々言っていたことがありますね。天寿を全うした人の死を嘆いてはいけない、と。記憶の中にある限り、その人は生きているから。だから私はこれからも、あなたが遺《のこ》してくれた「伝言」を次の世代に語り継ぎます。

永さん、ありがとう。心からの感謝を込めて。

二〇一六年七月一一日、出棺の日に記す

参考資料

森 英介『風天　渥美清のうた』文春文庫、二〇一〇年
淀川長治『淀川長治自伝（上・下）』中公文庫、一九八八年
三木鶏郎『三木鶏郎回想録1・2』平凡社、一九九四年
中村八大著、黒柳徹子・永 六輔編『ぼく達はこの星で出会った』講談社、一九九二年
永 六輔『坂本九ものがたり　六・八・九の九』中公文庫、一九九〇年
佐藤 剛『上を向いて歩こう　奇跡の歌をめぐるノンフィクション』小学館文庫、二〇一五年
小沢昭一『小沢昭一　僕のハーモニカ昭和史』朝日新聞出版、二〇一一年
野坂昭如『風狂の思想』中公文庫、一九七七年
野坂昭如『わが桎梏の碑』光文社、一九九二年
井上ひさし・永 六輔・小沢昭一・矢崎泰久『この日、集合。〔独話〕と〔鼎談〕』金曜日、二〇〇六年
水上 勉『故郷』集英社文庫、二〇〇四年
永 六輔『永六輔のお話し供養』小学館、二〇一二年
NPO法人 一滴の里「水上文学と竹人形文楽の里　若州一滴文庫」ホームページ http://itteki.jp/

永 六輔（えい ろくすけ）

一九三三年、東京生まれ。早稲田大学在学中に草創期の放送界に入り、以来、テレビ・ラジオの放送作家、作詞家、タレント、随筆家など多方面で活躍。作詞に「第一回日本レコード大賞」を受賞した『黒い花びら』のほか『上を向いて歩こう』『見上げてごらん夜の星を』『こんにちは赤ちゃん』『いい湯だな』『黄昏のビギン』など、著書に大ベストセラーとなった『大往生』をはじめ『あの世の妻へのラブレター』『男のおばあさん』など多数。また「ＮＨＫ放送文化賞」「都民文化栄誉賞」「菊池寛賞」「ギャラクシー賞45周年記念賞」「毎日芸術賞特別賞」など受賞歴も数多い。二〇一六年七月七日、永眠。享年八三歳。

矢崎泰久（やざき やすひさ）

一九三三年、東京生まれ。編集者・ジャーナリスト。早稲田大学中退。夕刊紙記者を経て、六五年、当時キラ星のごとき才能が集い、若者たちに熱狂的な支持を受けた伝説の雑誌『話の特集』を創刊。三〇年にわたり編集長を務める。また映画・テレビ・舞台のプロデューサーとしても手腕を発揮。著書に『口きかん わが心の菊池寛』『あの人がいた』『人生は喜劇だ』『残されたもの、伝えられたこと』『句々快々』など多数。また『ふたりの品格』『ぢぢ放談』など永六輔氏との共著も多い。

集英社新書〇八四五C

永《えい》六《ろく》輔《すけ》の伝《でん》言《ごん》 僕《ぼく》が愛《あい》した「芸《げい》と反骨《はん》《こつ》」

二〇一六年 八 月二二日 第一刷発行
二〇一六年一二月 六 日 第五刷発行

編者……矢《や》崎《ざき》泰《やす》久《ひさ》

発行者……茨木政彦

発行所……株式会社集英社

東京都千代田区一ツ橋二-五-一〇 郵便番号一〇一-八〇五〇

電話 〇三-三二三〇-六三九一(編集部)
〇三-三二三〇-六〇八〇(読者係)
〇三-三二三〇-六三九三(販売部)書店専用

装幀……原 研哉

印刷所……大日本印刷株式会社 凸版印刷株式会社

製本所……加藤製本株式会社

定価はカバーに表示してあります。

ISBN 978-4-08-720845-0 C0276

Printed in Japan

a pilot of wisdom

a pilot of wisdom

集英社新書 好評既刊

ルバイヤートの謎 ペルシア詩が誘う考古の世界
金子民雄 0834-C
世界各国で翻訳される、ペルシア文化の精髄の一つと言われる四行詩集『ルバイヤート』の魅力と謎に迫る。

自民党と創価学会
佐高 信 0835-A
権力のためなら掌を返す自民党。「平和の党」の看板も汚す創価学会＝公明党。この「野合」の内幕を暴く！

世界「最終」戦争論 近代の終焉を超えて
内田 樹／姜尚中 0836-A
現代日本を代表する二人の知の巨人が、混迷する世界情勢を打破するための新たな〝見取り図〟を描く！

口下手な人は知らない話し方の極意 認知科学で「話術」を磨く
野村亮太 0837-E
話が下手な人は何が間違っているのか？ 気鋭の認知科学者が、現場で活きる合理的な話術の極意を伝授！

「18歳選挙権」で社会はどう変わるか
林 大介 0838-B
「18歳選挙権」制度は社会変革に寄与し得るのか？ 主権者教育の専門家による、「若者と政治」論の決定版。

糖尿病は自分で治す！
福田正博 0839-I
糖尿病診療歴三〇年の名医が新合併症と呼ぶ、がんや認知症、歯周病との関連を解説、予防法を提唱する。

3・11後の叛乱 反原連・しばき隊・SEALDs
笠井 潔／野間易通 0840-B
3・11後、人々はなぜ路上を埋めつくし、声を上げはじめたのか？ 現代の蜂起に託された時代精神を問う！

感情で釣られる人々 なぜ理性は負け続けるのか
堀内進之介 0841-C
理性より感情に訴える主張の方が響く今、そんな流れに釣られないために「冷静に考える」方法を示す！

日本会議 戦前回帰への情念
山崎雅弘 0842-A
安倍政権を支える「日本会議」は国家神道を拠り所に戦前回帰を目指している！ 同組織の核心に迫る。

ラグビーをひもとく 反則でも笛を吹かない理由
李淳馹 0843-H
ゲームの歴史と仕組みを解説し、競技の奥深さとワンランク上の観戦術を提示する、画期的ラグビー教本。

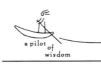